Unterricht GEOGRAPHIE
Modelle · Materialien · Medien

Band 16: **Raumordnung und Landesplanung**

Autoren:
Rainer Graafen · Ralf Hapke

Herausgeber:
Helmuth Köck

Wissenschaftlicher Redakteur:
Gerhard Meier-Hilbert

Aulis Verlag Deubner

Bibliografische Information Der Deutschen Bibliothek

Die Deutsche Bibliothek verzeichnet diese Publikation in der Deutschen Nationalbibliografie; detaillierte bibliografische Daten sind im Internet über http://dnb.ddb.de abrufbar.

Unterricht Geographie · Reihenübersicht

1 Geozonen
Von Gerhard Meier-Hilbert und Ellen Thies
2 Städtische Räume
Von Claus Dahm und Henning Schöpke-Papst
3 Agrargeographie
Von Konrad Riess und Dieter Sajak
4/I Ökologie und Umweltschutz
Von Jürgen Hasse und Winfried Wroz
4/II Natur und Umwelt
Von Jürgen Hasse und Winfried Wroz
5 Industriegeographie
Von Manfred Schrader und Andreas Peter
6 Entwicklungsländer
Von Jos Schnurer und Gerhard Ströhlein
7 Wetter und Klima
Von Walter Lükenga
8 Erholungsräume
Von Gerhard Sasse und Diether Stonjek
9 Politische Räume
Von Ulrich Brameier und Jos Schnurer
10 Energie und Umwelt
Von Walter Lükenga
11 Verkehr
Von Helmut Brauer und Ronald Lübbecke
12 Wasser als Ressource
Von Walter Lükenga

13 Der ländliche Raum
Von Philipp Hümmer, Thomas Meyer und Gerd Bauriegel
14 Böden und Vegetation
Von Gerhard Meier-Hilbert und Axel Friederich
15 Bevölkerung
Von Ronald Lübbecke und Gerhard Ströhlein
16 Raumordnung und Landesplanung
Von Rainer Graafen und Ralf Hapke

Arbeitsweisen und Arbeitstechniken im Geographieunterricht
Von Wolfram Kühnelt
Küste und Meer
Von Matthias Willeke und Ludwig Scharmann
Oberflächenformen
Von Gerhard Meier-Hilbert und Michael Gerlach
Räume im Wandel
Von Gerhard Sasse, Helmut Schönrock und Diether Stonjek
Geologie
Von Volker Kaminske
Räume als Systeme
Von Armin Rempfler

Weitere Bände sind geplant

An der Reihe arbeiten folgende Autoren mit:

Gerd Bauriegel
Universität Passau
Ulrich Brameier
Albrecht Thaer–Gymnasium, Hamburg
Helmut Brauer
Universität Göttingen
Prof. em. Dr. *Claus Dahm* †
Universität Göttingen
Axel Friederich
Orientierungsstufe I, Norden
Michael Gerlach
Gymnasium Marienschule Hildesheim
Prof. Dr. *Rainer Graafen*
Universität Koblenz
Dr. *Ralf Hapke*
Gymnasium Koblenz-Asterstein
Prof. Dr. *Jürgen Hasse*
Universität Frankfurt
Prof. Dr. *Philipp Hümmer*
Universität Erlangen-Nürnberg
Prof. Dr. *Volker Kaminske*
Staatl. Studienseminar Karlsruhe
Wolfram Kühnelt
Studienleiter, Glücksburg
Dr. *Ronald Lübbecke*
Göttinger Institut für Erziehung und Unterricht
Dr. *Walter Lükenga*
Universität Osnabrück
Dr. *Gerhard Meier-Hilbert*, M.A.,
Universität Hildesheim
Thomas Meyer
Ludwig-Maximilians-Universität, München

Andreas Peter
Staatliches Studienseminar Wilhelmshaven
Dr. *Armin Rempfler*
Pädagogische Hochschule Luzern
Konrad Riess
Wilhelm-Busch-Realschule, Bockenem
Dieter Sajak
Universität Hannover
Gerhard Sasse
Haupt- und Realschule Bissendorf
Dr. *Ludwig Scharmann*
Sächs. Staatskanzlei, Dresden
Dr. *Jos Schnurer*
Niedersächsisches Landesinstitut für Lehrerfortbildung, Lehrerweiterbildung und Unterrichtsforschung, Hildesheim
Helmut Schönrock
Missionsgymnasium St. Antonius, Bad Bentheim
Dr. *Henning Schöpke*
Albert-Schweitzer-Schule, Nienburg
Dr. *Manfred Schrader*
Universität Hannover
Dr. *Diether Stonjek*
Universität Osnabrück
Prof. Dr. *Gerhard Ströhlein*
Universität Göttingen
Ellen Thies
Schloß-Gymnasium, Wolfenbüttel
Matthias Willeke
Integrierte Gesamtschule Mühlenberg, Hannover
Winfried Wroz
Joseph-von Eichendorff-Gesamtschule, Kassel

Best.-Nr. 8416
Alle Rechte bei AULIS VERLAG DEUBNER, Köln, 2004
Umschlaggestaltung: Atelier Warminski, Büdingen
Titelphotos: Mit freundlicher Genehmigung des Ernst-Klett-Verlages entnommen aus: Klett-Medien zur Geographie TERRA Nr. 401277
Satz: Verlag
Zeichnungen: Römer.Grafik, Ihringen
Printed in Poland
ISBN 3-7614-2484-1

Hinweis:
Nicht in allen Fällen war es uns möglich, den Rechteinhaber von Materialien ausfindig zu machen.
Berechtigte Ansprüche werden selbstverständlich im Rahmen der üblichen Vereinbarungen abgegolten.

Das vorliegende Werk wurde sorgfältig erarbeitet. Dennoch übernehmen Autoren, Herausgeber und Verlag für die Richtigkeit von Angaben, Hinweisen und Ratschlägen sowie für eventuelle Druckfehler keine Haftung.

Inhalt

Vorwort 4

A. Einleitung 5

B. Didaktische Begründung und Gesamtplanungsfeld 6

C. Basiswissen (mit Glossar und Abkürzungsverzeichnis) 8

D. Unterrichtsvorschläge 13

1. Planungen auf Gemeindeebene (Bebauungspläne und Flächennutzungsplan am Beispiel von Bonn) 13
2. Planungen auf Kreisebene (mit dem Beispiel „Vulkanpark" im Landkreis Mayen-Koblenz) 16
3. Regionalplanung und Braunkohlenabbau (mit Beispielen aus Sachsen und Brandenburg) 19
4. Landesplanung auf der Ebene der Bundesländer (Beispiel Rheinland-Pfalz) 28
5. Raumordnung in der Europäischen Union 32

E. Zur Arbeit mit den Medien 36

F. Materialien zu den Unterrichtsvorschlägen 37

G. Quellenverzeichnis 70

Vorwort

Orientierende Hinweise zur Reihe UNTERRICHT GEOGRAPHIE

Anlass zur Planung und Herausgabe dieser Reihe ist die Tatsache, dass

- das Material (Fachliteratur, Medien, Materialien i. e. S. etc.) zu den unterrichtlich relevanten allgemeingeographischen Themenkreisen und erst recht zugehörigen möglichen Raumbeispielen extrem verstreut vorliegt und als Folge davon für den einzelnen Lehrer weder überschaubar noch von heute auf morgen greifbar ist, der Unterricht mithin häufig vom gerade zufällig vorhandenen Material getragen wird,

- sorgfältige Vorbereitung und guter Unterricht mithin einen unverhältnismäßig hohen, letztlich jedoch nicht erbringbaren Zeitaufwand erfordern, zumal angesichts der Fachlehrertätigkeit in oft mehreren Jahrgängen,

- ein Großteil der Geographie erteilenden Lehrer fachlich nicht ausgebildet ist, also fachfremd unterrichtet,

- u. a. m.

Ziel dieser Reihe ist es daher, durch Zusammenstellung und unterrichtsbezogene Aufarbeitung und Strukturierung des für das jeweilige allgemeingeographische Thema und zugehörige Raumbeispiel erforderlichen Materials den Lehrer in seiner Vorbereitungsarbeit so zu unterstützen und dadurch zu entlasten, dass er frei wird für die gedankliche Durchdringung statt für die Suche des Materials, dass er dadurch dann über und nicht mehr in der Sache steht, dass er die unterrichtlichen Vermittlungsprozesse somit souverän organisieren kann, statt sich mehr schlecht als recht durchkämpfen zu müssen.

Daraus ergibt sich, dass jeder Band dieser Reihe ein Lehrer- und kein Schülerbuch ist, und zwar gedacht für den Lehrer der Sekundarstufe I aller Schulformen. Funktional ist jeder Band jedoch insofern auch wieder schülerbezogen, als seine Materialien großenteils per Vervielfältigung direkt in die Hand des Schülers gelangen, um dann von diesem bearbeitet zu werden.

Aus dem schulformübergreifenden Charakter dieser Reihe ergibt sich allerdings die Notwendigkeit einer schulformbezogenen Differenzierung hinsichtlich der Inhalte, Medien, Materialien, Erschließungstiefe usw. Hier muss dann jeder Lehrer selbst das für seine konkrete Situation Passende heraussuchen oder durch Überarbeitung herstellen.

Um die hier angesprochenen Zwecke nun zu erreichen, sind die Bände dieser Reihe i. d. R. wie folgt aufgebaut:

In der **Einleitung** wird einiges zu Zweck, Aufbau und Verwendung des jeweiligen Bandes gesagt.

In der **Didaktischen Begründung** geht es zunächst um die Legitimation des betreffenden Bandthemas. Danach werden aus dem somit begründeten Gesamtthema curricular und damit unterrichtsrelevante Teilthemen (Fragekreise) ausgegliedert und im sog. Gesamtplanungsfeld übersichtlich zusammengestellt. Zugleich weist dieses Gesamtplanungsfeld die ungefähre Schulstufenzuordnung und damit das curriculare Gefüge der ausgegliederten Teilthemen aus. Da diese jedoch ein hinreichendes Maß an Eigenständigkeit und innerer Abgeschlossenheit besitzen, können sie ganz nach Bedarf, also flexibel, verwendet werden.

Im **Basiswissen** wird das jeweilige Thema nach Maßgabe seiner im Gesamtplanungsfeld ausgegliederten Teilthemen allgemeingeographisch abgehandelt. Dem Charakter des Basiswissens entsprechend geht es dabei jedoch nur um grundlegende themenspezifische Sachaussagen. Abgeschlossen bzw. ergänzt wird dieses Basiswissen durch ein Glossar.

In den **Unterrichtsvorschlägen**, dem neben dem Medienangebot wichtigsten Teil eines jeden Bandes, werden die einzelnen Felder/Teilthemen des Gesamtplanungsfeldes nun mit konkreten Unterrichtsvorschlägen ausgefüllt. Diese haben i. d. R. folgenden Aufbau: spezielles, d. h. teilthemenbezogenes, meist regionalgeographisches, bisweilen auch thematisch ergänztes Planungsfeld, in dem per Übersicht gezeigt wird, wie die Erschließung des betreffenden Teilthemas gedacht ist; regionalgeographische Sachanalyse, zu verstehen als themenspezifische Analyse des betreffenden Raumbeispiels; methodische Analyse; Verlaufsplanung mit den wichtigsten Angaben zu Inhalten, Lehrer-/Schülerverhalten, Medien etc.

Die Medien/Materialien zu den einzelnen Unterrichtsvorschlägen sind dann in dem Medienangebot zusammengestellt. Dabei ist dieses **Medienangebot** zweigeteilt: Ein Teil umfasst die eingebundenen Materialien (Kopiervorlagen, Tabellen, Karten, Diagramme etc.), der andere Teil beinhaltet in Gestalt einer Medientasche diejenigen Medien/Materialien, die nicht geheftet beigegeben werden können (z. B. Folien, Dias, Faltkarten etc.).

Den letzten Abschnitt bildet das **Quellenverzeichnis**.

Auf der Grundlage dieser Konzeption müsste es möglich sein, die einzelnen Vorschläge direkt in Unterricht umzusetzen. Gestützt wird diese Erwartung durch die unterrichtliche Erprobung, die alle Unterrichtsvorschläge erfahren haben.

Verlag   **Herausgeber**

A Einleitung

Besonders in den letzten Jahrzehnten sind mit der ständig fortschreitenden Technisierung die Bauvorhaben von Bund, Ländern, Gemeinden, Industrieunternehmen, Bergbaubetrieben und Privatpersonen immer größer und aufwändiger geworden. Um die unterschiedlichen, ja zum Teil konträren Raumansprüche für alle Beteiligten wenigstens einigermaßen zufriedenstellend koordinieren zu können, sind heute Raum*ordnung* und Landes*planung* nötiger denn je zuvor.

Am Rande fast aller Städte sind neue, gigantische Wohnsiedlungen sowie Industrie- und Gewerbegebiete entstanden. Das Straßen- und Eisenbahnnetz wurde erheblich erweitert, wobei für Deutschland vor allem die neuen Straßen und Autobahnen im Gebiet der ehemaligen DDR zu nennen sind sowie die neuen ICE-Bahnstrecken zwischen Würzburg, Hannover und Hamburg oder zwischen Köln und Frankfurt. Viele Flughafengesellschaften planen (trotz der Vorfälle am 11. September 2001 in New York) den Bau neuer Start- und Landebahnen.

Auch aus dem Bereich des Bergbaus liegen Pläne vor, in den nächsten Jahren und Jahrzehnten große Flächen für den Abbau von Bodenschätzen zu nutzen. Gerade im Falle des Abbaus von Braunkohle, wenn er im Tagebau erfolgt, sind hiervon viele Hundert Quadratkilometer betroffen. Die Planungen für neue Großkraftwerke, in denen Braunkohle oder andere Bodenschätze (z. B. Erdöl) zur Herstellung von Strom verbrannt werden sollen, umfassen ebenfalls riesige Flächen. Da die Zersiedelung der Landschaft infolge des Baus neuer Wohnanlagen, Industrieunternehmen, Straßen, Schnellbahnlinien und Bergbaubetriebe ständig zunimmt, werden andererseits auch die Rufe derjenigen Interessenverbände immer lauter, die den Schutz der Landschaft vor Veränderungen oder Zerstörungen bezwecken und für die Ausweisung weiterer Flächen zu Nationalparks, Naturschutzgebieten, Landschaftsschutzgebieten oder Naturparks plädieren. Die verschiedenen Interessenkonflikte können nur durch eine detailliert geregelte staatliche Raum*ordnung* und Landes*planung* gelöst werden.

Infolge der wachsenden Globalisierung bleiben viele Raumnutzungsprobleme jedoch nicht nur auf das Gebiet der Bundesrepublik Deutschland oder einen anderen Staat beschränkt, sondern treten grenzüberschreitend auf. So hat es sich gezeigt, dass viele Schwierigkeiten nur von den betroffenen Staaten gemeinsam gemeistert werden können. Dementsprechend nehmen z. B. im Bereich der Europäischen Union die Mitgliedstaaten in zunehmendem Maße die Lösung von Raumordnungsproblemen gemeinschaftlich in Angriff, obschon es derzeit noch keine offizielle Institution wie z. B. eine „Raumordnungsbehörde der EU" gibt.

An der Erstellung der Kapitel „Planungen auf Gemeindeebene" und „Braunkohlenabbau" hat sich Frau Birgitta Brenner (Bonn) wesentlich beteiligt. Hierfür, für die Gesamtdurchsicht und für die Erprobung der Unterrichtsvorschläge in der Schule, danken ihr die Bearbeiter dieses Bandes sehr. Dank sei auch dem Leiter des Stadtplanungsamtes Bonn, Herrn Dr. Ulrich Ziegenhagen, dafür ausgesprochen, dass er Bebauungspläne zur Veröffentlichung in diesem Band zur Verfügung gestellt hat. In gleicher Weise danken wir Mitarbeitern der Kreisverwaltung Mayen-Koblenz, besonders Herrn Dr. Peter Wilhelmy und Herrn Dipl.-Geograph Michael Schwippert, für die großzügige Bereitstellung von Material über den geplanten Vulkanpark im Landkreis Mayen-Koblenz. Danken möchten wir schließlich auch der Lausitzer Braunkohlen Aktiengesellschaft (LAUBAG) und der Lausitzer und Mitteldeutschen Bergbau- und Verwaltungsgesellschaft mbH (LMBV), die uns umfangreiches Material zur Braunkohlen- und Regionalplanung überlassen haben.

Didaktische Begründung und Gesamtplanungsfeld

B.1 Legitimation des Themas „Raumordnung und Landesplanung"

In der heutigen Zeit dürfen in Deutschland und den meisten anderen Industrieländern neue bauliche Maßnahmen nur dann vorgenommen werden, wenn sie mit den Zielen und Grundsätzen der Raumordnung und Landesplanung übereinstimmen. Alle Bauvorhaben, angefangen beim einzelnen Wohnhaus, über Wohnsiedlungen, Gewerbebetriebe, Industrieunternehmen, Industriegebiete, Bergbaubetriebe, Kraftwerke, Straßen, Autobahnen, Kanäle, Magnetschwebebahntrassen, ICE-Strecken bis hin zu neuen Flugplätzen sind eingebunden in Raumordnung und Landesplanung. Raumordnung und Landesplanung bezwecken, die Verteilung der Daseinsgrundfunktionen der Menschen (hierzu zählen u. a. Wohnen, Arbeiten, Sich-Erholen, Sich-Fortbewegen, Sich-Bilden und In-Gemeinschaft-Sein) in der Fläche eines bestimmten Gebietes zu beeinflussen (*Handwörterbuch der Raumordnung* 1995, S. 753). Gemäß den Lehrplänen aller Bundesländer sind die genannten Daseinsgrundfunktionen Gegenstand des Geographieunterrichts. Da diese Funktionen von Raumordnung und Landesplanung wesentlich beeinflusst werden, ist auch die Behandlung von Themen aus Raumordnung und Landesplanung im Geographieunterricht von großer Wichtigkeit.

Die Schüler[*)] können nur dann verstehen, warum ein neues Wohn- oder Industriegebiet oder ein neues Kraftwerk gerade an diesem oder jenem Standort errichtet werden soll (oder bereits errichtet worden ist), wenn sie auch hinreichende Kenntnisse über Verfahrensabläufe in der Raumordnung und Landesplanung besitzen. Deshalb ist es Aufgabe des Geographieunterrichts, den Schülern u. a. Kenntnisse darüber zu vermitteln, in welchen Schritten die Planungen ablaufen, welche Behörden und Interessenvereinigungen daran beteiligt sind und wie die Abwägung der unterschiedlichen, bisweilen sogar gegensätzlichen Interessen am und im Raum erfolgt. In manchen Verfahren der Raumordnung und Landesplanung ist auch eine (allgemeine) Beteiligung der Bürger vorgesehen. Ein weiteres Ziel der Behandlung von Raumordnung und Landesplanung im Geographieunterricht ist deshalb, den Schülern aufzuzeigen, wo sie selbst bei Planungen mitwirken können.

Wegen der in den letzten Jahren enorm gewachsenen Bedeutung der Raumordnung und Landesplanung sind in den neuesten Ausgaben der Schulbücher und -atlanten auch immer mehr Ausführungen bzw. Karten zu diesem Thema zu finden. Gab es in den Schulatlanten bis in die 1980er Jahre noch fast keine Karten zum Thema Raumordnung und Landesplanung, so widmen sich die neuesten Ausgaben diesem Thema in zunehmendem Maße. Im „Diercke-Weltatlas" beispielsweise sind in der vierten aktualisierten Auflage von 1996 (Herstellungsjahr 2000) folgende Karten zu diesem Sachbereich enthalten:

– Großraum Hannover – Flächennutzung und Raumplanung (S. 30)
– Deutschland – Raumordnung (S. 62)
– Kaiserslautern – Stadtplanung (S. 63)
– Altmühltal – Landschaftsrahmenplan (S. 63)
– Hamburg – Entwicklungszentren (S. 67)
– London – Südost-Planungsregion (S. 92).

Außerdem zeigt die Kartenserie „Europäische Union" (S. 124 f.) auf, wo regionale Disparitäten in den Bereichen Erwerbsstruktur, Wirtschaftskraft, Arbeitslosigkeit und Bevölkerungsstruktur vorhanden sind, die durch eine Raumordnungspolitik der Europäischen Union ausgeglichen werden sollen.

B.2 Begründung für die Auswahl der Unterrichtsthemen

Raumordnung und Landesplanung werden auf verschiedenen Verwaltungsebenen durchgeführt, und zwar primär auf der Ebene
– der Gemeinden,
– der Landkreise,
– der Bezirksregierungen bzw. Regionen,
– der Bundesländer und des Bundes,
– der Europäischen Union.

Grundsätzlich müssen die Planungen der unteren Ebenen mit den Planungszielen der übergeordneten Ebenen übereinstimmen. Insofern besteht eine Planungshierarchie. Da die oberen Ebenen jedoch sehr groß sind (Gebiet der EU oder Gebiet eines Bundeslandes), können für die hier angestrebten Entwicklungen oft nur ziemlich allgemeine Aussagen getroffen werden. Für die kleinen Verwaltungsebenen hingegen (vor allem für die Städte und Gemeinden) sind sehr detaillierte Planungen möglich.

Die Unterrichtsvorschläge in Kap. D sind so aufgebaut, dass schrittweise von der untersten Planungsebene (Kap. D.1 „Planungen auf Gemeindeebene") jeweils zur nächst höheren Ebene vorgegangen wird. Dementsprechend befasst sich das letzte Kapitel der Unterrichtsvorschläge (D.5) mit den Planungen auf der obersten Ebene, nämlich der Ebene der Europäischen Union.

In Kap. D.1 „Planungen auf Gemeindeebene: Bebauungspläne und Flächennutzungsplan am Beispiel von Bonn" wird gezeigt, wie im Stadtgebiet von Bonn für ein bestimmtes Areal zwei Bebauungspläne erstellt werden. Dabei werden auch Interessenkonflikte angesprochen, die bei den Planungen entstehen, und es wird erörtert, wie sie zu lösen sind. Darüber hinaus widmet sich dieses Kapitel den Möglichkeiten der Beteiligung von Bürgern an den Planungen.

Kapitel D.2 „Planungen auf Kreisebene" behandelt Planungsprojekte des Landkreises Mayen-Koblenz. Zu den typischen Planungsaufgaben der Landkreise zählt die

---
[*)] Im folgenden inkludieren in diesem Band die Kurzformen 'Schüler' bzw. 'Lehrer' immer auch die Schülerinnen, Lehrerinnen usw.

B Didaktische Begründung und Gesamtplanungsfeld

Ausweisung von Gebieten für Naturschutz und Erholung. In diesem Sinne hat der Landkreis Mayen-Koblenz einen „Vulkanpark" geplant und auch bereits teilweise realisiert. Der Vulkanpark erstreckt sich über die Flächen mehrerer dem Kreis angehöriger Gemeinden.

Die nächst höhere Planungsebene ist die der Regionalplanung. Die Regionalplanung hat eine Mittlerfunktion zwischen den Ebenen der Städte und Landkreise einerseits und der Ebene der Bundesländer andererseits. Ein besonders wichtiger Teilbereich der Regionalplanung ist z. B. die Planung von Braunkohlenabbau. Daher befasst sich Kap. D.3 mit diesem Thema „Regionalplanung und Braunkohlenabbau (mit Beispielen aus Sachsen und Brandenburg)". An der Regionalplanung sind mehrere Verwaltungsebenen beteiligt, und daher ergeben sich hier erfahrungsgemäß besonders viele Interessenkonflikte. Weil in Kap. D.3 die Koordination der Planungen mehrerer Ebenen besprochen wird, ist dieses Kapitel zwangsläufig überdurchschnittlich lang. Es hat ungefähr den Umfang von zwei bis drei „normalen" Kapiteln.

Exemplarisch für die Planungen auf der Ebene der Bundesländer wird in Kap. D.4 die Landesplanung von Rheinland-Pfalz behandelt.

Auf der Ebene der EU (Kap. D.5) gibt es Ansätze für gemeinsame Planungen der Mitgliedsstaaten erst seit wenigen Jahren. In Kap. D.5 werden u. a. das „Europäische Raumentwicklungskonzept" (EUREK) und die für die europäische Raumordnung einschlägige „Agenda 2000" vorgeführt.

B.3 Gesamtplanungsfeld – Vorschläge für den Einsatz in einzelnen Klassenstufen

Thema	Klassenstufe
1. Planungen auf Gemeindeebene (Bebauungspläne und Flächennutzungsplan am Beispiel von Bonn)	Klasse 5 – 10
2. Planungen auf Kreisebene (mit dem Beispiel „Vulkanpark" im Landkreis Mayen-Koblenz)	Klasse 7 – 10
3. Regionalplanung und Braunkohlenabbau (mit Beispielen aus Sachsen und Brandenburg)	Klasse 7 – 10
4. Landesplanung auf der Ebene der Bundesländer (Beispiel Rheinland-Pfalz)	Klasse 8 – 10
5. Raumordnung in der Europäischen Union	Klasse 9 – 10

Abb. B 1: Lokalisierung der Unterrichtsvorschläge

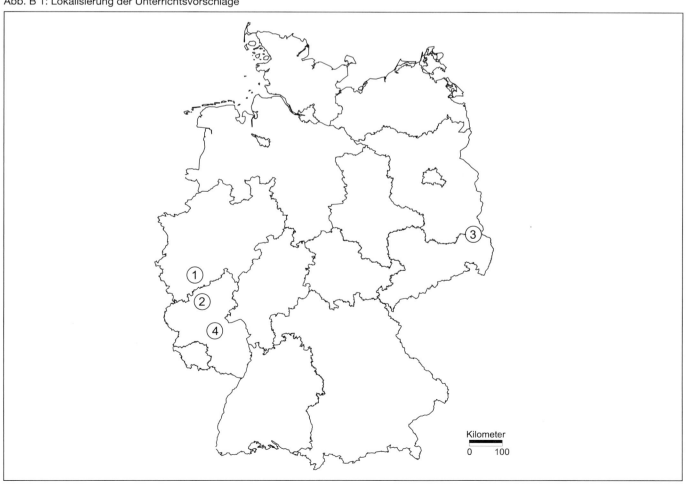

Basiswissen mit Glossar

Zwar gibt es keine gesetzlichen Definitionen der Begriffe „Raumordnung" und „Landesplanung"; ihre Inhalte werden aber in verschiedenen Rechtsvorschriften hinreichend festgelegt, z. B. im Bundesraumordnungsgesetz und in den Landesplanungsgesetzen der Bundesländer.

C.1 Inhalt des Begriffs „Raumordnung" im engeren Sinne

Für den Begriff Raumordnung im engeren Sinne sind die Merkmale „übergeordnet", „überörtlich" und „zusammenfassend" wesensbestimmend (vgl. zum Begriff „Raumordnung im weiteren Sinne" Kap. C.4).

Übergeordnet bedeutet, dass die Raumordnung rechtlich gesehen den Vorrang gegenüber gemeindlichen Planungen und gegenüber Fachplanungen hat, z. B. Planungen nach dem Wege- und Naturschutzrecht.

Überörtlich meint, dass das Gebiet, auf das sich die Raumordnung bezieht, auf jeden Fall (erheblich) größer ist als das Verwaltungsgebiet einer Gemeinde.

Zusammenfassend besagt, dass die Raumordnung die raumrelevanten Aktivitäten des Staates und der Gemeinden aufeinander abstimmt (z. B. bezüglich der Entwicklung der städtischen und der ländlichen Siedlungen, der regionalen Wirtschaftspolitik, der Landwirtschaftspolitik, des Verkehrswesens und der Wasserwirtschaft) und sie zu einem möglichst widerspruchsfreien Konzept zusammenfügt (*Handwörterbuch der Raumordnung* 1995, S. 753).

Raumordnung bezweckt also, die Verteilung der Daseinsgrundfunktionen der Menschen in einem bestimmten Gebiet zu beeinflussen. Zur Aufgabe der Raumordnung gehört es jedoch nur, Konzepte, Programme und (oder) Pläne zu erstellen, nicht aber, diese auch durchzuführen. Die Durchführung bleibt Angelegenheit der allgemeinen Verwaltungsbehörden, z. B. der Bezirksregierungen, der Kreis- oder der Gemeindeverwaltungen sowie der Fachverwaltungen. Dies geht zurück auf das Prinzip der Gewaltenteilung in den modernen Demokratien.

C.2 Inhalt des Begriffs „Landesplanung" im engeren Sinne

Der Begriff „Landesplanung" ist inhaltlich gesehen eng mit dem Begriff „Raumordnung" verwandt. Auch mit Landesplanung ist eine übergeordnete, überörtliche und zusammenfassende Planung gemeint, nämlich für die Ebene eines Bundeslandes (*Handwörterbuch der Raumordnung* 1995, S. 579). Der Unterschied zwischen „Raumordnung" und „Landesplanung" besteht allein darin, dass „Raumordnung" den Oberbegriff darstellt und sich folglich für Bund und Länder gleichermaßen anwenden lässt, während sich „Landesplanung" immer nur auf die Ebene eines Bundeslandes bezieht. Beide Begriffe haben somit keine verschiedenen Inhalte in dem Sinne, dass im Fall von Raumordnung das „Ordnen", bei der Landesplanung das „Planen" im Vordergrund stünde (vgl. zum Begriff Landesplanung im weiteren Sinne Kap. C.4).

C.3 Die Entwicklung von Raumordnung und Landesplanung

Die heutigen Aufgaben und die Organisation von Raumordnung und Landesplanung lassen sich nur dann richtig verstehen, wenn man Kenntnisse über ihre geschichtliche Entwicklung hat. Noch zu Beginn des 20. Jahrhunderts gab es die Worte Raumordnung und Landesplanung in der deutschen Sprache überhaupt nicht.

Zwar sind auch aus der älteren Geschichte Beispiele bekannt, dass Menschen planmäßig größere Gebiete umgestaltet haben. Zu erwähnen sind etwa die Kolonisationstätigkeiten seitens des Deutschen Ordens oder die binnenkolonisatorischen Maßnahmen Friedrichs des Großen in den Oder- und Wartheniederungen. Sie hatten zwar auch übergeordneten, überörtlichen und zusammenfassenden Charakter. Dabei handelte es sich aber um Maßnahmen, bei denen eine bestimmte Person (z. B. der Landesherr) die Verwirklichung spezieller Ziele gleichsam als Unternehmer betrieb. Im Gegensatz dazu sind, wie oben dargelegt, Raumordnung und Landesplanung nicht selbst Träger und Nutznießer der durchgeführten Maßnahmen, sondern nur Träger bestimmter Ordnungsfunktionen.

• Der Siedlungsverband Ruhrkohlenbezirk

Einen wichtigen Markstein in der Entwicklung der Landesplanung bildete die Gründung des Siedlungsverbandes Ruhrkohlenbezirk im Jahre 1920. Im Ruhrgebiet waren die von der Industrialisierung verursachten Einwirkungen auf die Landschaft besonders weitreichend. Um eine weitere ungeordnete Siedlungstätigkeit in den Städten und Dörfern zu verhindern und die noch vorhandenen Wälder und sonstigen Grünflächen weitgehend zu schützen, schlossen sich 1920 die Landkreise Bochum, Dinslaken, Dortmund, Essen, Geldern, Gelsenkirchen, Hamm, Hattingen, Hörde, Moers und Recklinghausen sowie 15 Stadtkreise zum „Siedlungsverband Ruhrkohlenbezirk" zusammen. Der Verband hatte sich gemäß den Bestimmungen des Gründungsgesetzes mit allen Angelegenheiten zu befassen, die die Siedlungstätigkeit im Verbandsgebiet betrafen. Um die vielfältigen Interessen an der Nutzung bestimmter Landflächen optimal koordinieren zu können, erlangte der Verband die Befugnis, für größere Gebiete so genannte „Wirtschaftspläne" zu erarbeiten. In ihnen war zumindest in groben Zügen die gesamte zukünftige Landnutzung festzulegen. Hierin mussten neben den Flächen für Straßen, Verkehrsbänder und Grünanlagen auch Flächen für Wohnsiedlungen, Industrieanlagen, Bergbaubetriebe und Landwirtschaft ausgewiesen werden. Bei der Erstellung der Wirtschaftspläne setzte sich der Verband mit allen betroffenen Städten und Gemeinden eingehend in Verbindung, um ihre Wünsche soweit wie möglich zu berücksichtigen. Die Wirtschaftspläne können als Vorläufer unserer

Basiswissen (mit Glossar und Abkürzungsverzeichnis)

heutigen Gebietsentwicklungspläne und -programme angesehen werden.

Der Siedlungsverband plante unter anderem auch für das gesamte Verbandsgebiet die Anlegung eines sog. Verbandsstraßennetzes; es besteht in seinen Grundzügen noch in der heutigen Zeit. In vielen Fällen setzte der Verband auch Freiflächen für die Anlegung neuer Bahnverbindungen und Flughäfen fest (z. B. für die Flughäfen Essen-Mülheim und Bochum-Gerthe).

Zusammenfassend lässt sich sagen, dass in dem Gesetz über den Siedlungsverband Ruhrkohlenbezirk aus dem Jahre 1920 „Landesplanung" schon in vielen Grundzügen ausgestaltet war, obschon es das Wort Landesplanung, wie bereits erwähnt, zu diesem Zeitpunkt in der deutschen Sprache noch gar nicht gab.

Die zahlreichen Erfolge des Siedlungsverbandes Ruhrkohlenbezirk wurden schon bald überall im Deutschen Reich bekannt. Daher entstanden in den 1920er Jahren auch noch in vielen anderen städtischen und industriellen Ballungsgebieten Planungsverbände (z. B. in Sachsen, in Thüringen, im Rhein-Main-Gebiet und im Großraum Hamburg).

Mitte der 1920er Jahre übersetzte ein im Regierungsbezirk Düsseldorf gegründeter Zusammenschluss den zu dieser Zeit in England geläufigen Begriff „country planning" ins Deutsche und nannte sich „Landesplanungsverband Düsseldorf". Damit ist das Wort „Landesplanung" für jene Bestrebungen zum ersten Mal in der deutschen Sprache aufgetaucht (Schmerler 1932, S. 6).

• *Die nationalsozialistische Zeit*
Nach der Machtergreifung verfolgte die nationalsozialistische Partei vor allem eine räumliche Planung für das gesamte Deutsche Reich. Damit bezweckte sie u. a. auch eine bessere Durchsetzung ihrer politischen Ideologie. Zur Erreichung dieses Ziels erfolgte 1935 die Gründung einer neuen Reichsstelle, die offiziell die Bezeichnung „Reichsstelle für Raumordnung" erhielt. Das Wort „Raumordnung", das erst Anfang der 1930er Jahre in der deutschen Sprache geprägt worden war, wird im Zusammenhang mit der neuen Reichsstelle zum ersten Mal in der Verwaltungssprache verwendet (Umlauf 1958, S. 88). Die Reichsstelle übernahm gemäß einer Verordnung „ ... die zusammenfassende, übergeordnete Planung und Ordnung des deutschen Raumes für das gesamte Reichsgebiet". Nunmehr war flächendeckend für das ganze Deutsche Reich eine Planung rechtlich vorgeschrieben.

• *Raumordnung und Landesplanung nach 1945*
Die Reichsstelle für Raumordnung sowie die ihr untergeordneten Landesplanungsgemeinschaften wurden 1945 nach dem Zusammenbruch des Reiches aufgelöst, mit Ausnahme des Siedlungsverbandes Ruhrkohlenbezirk. Der Alliierte Kontrollrat hat jedoch die Gesetze und Verordnungen des Reiches über Raumordnung und Landesplanung nicht außer Kraft gesetzt. Die Befugnisse der obersten Reichsbehörden, also auch jene der Reichsstelle für Raumordnung, gingen auf die neuen Länder über. Somit blieb das Raumordnungsrecht des Reiches die Ausgangsbasis für die Weiterführung der Landesplanung in den neu geschaffenen Bundesländern.

Als Träger der Planungsarbeit wurden staatliche Landesplanungsämter eingerichtet. In mehreren Bundesländern wurde die Landesplanung dem Innenministerium, in anderen dem Wirtschaftsministerium oder dem Ministerpräsidenten unterstellt. Alle Länder passten die Planungsräume an vorhandene politische Verwaltungseinheiten an. 1950 hat Nordrhein-Westfalen als erstes Bundesland ein eigenes Landesplanungsgesetz erlassen, wobei hierin sogar einige Vorschriften aus dem Gesetz zur Gründung des Siedlungsverbandes Ruhrkohlenbezirk übernommen wurden. Auf Bundesebene ist 1965 das Bundesraumordnungsgesetz als Rahmengesetz ergangen. In den darauf folgenden Jahren haben auch die Parlamente der übrigen Bundesländer Planungsgesetze verabschiedet und Landesplanungsbehörden eingerichtet.

C.4 Die Begriffe „Raumordnung" und „Landesplanung" im weiteren Sinne

Neben den oben umschriebenen Inhalten der Begriffe Raumordnung und Landesplanung im engeren Sinne gibt es für beide Begriffe in der heutigen Verwaltungssprache auch noch eine weite(re) Auslegung. Nach dieser weiten Auslegung versteht man unter Raumordnung oder Landesplanung alle raumbezogenen Planungen der öffentlichen Hand, also beispielsweise Planungen der Gemeinden (Flächennutzungs- und Bebauungspläne), der Landkreise, der Regierungsbezirke oder regionalen Planungsverbände, der Bundesländer, des Bundes oder der Europäischen Union. Diese weite Auslegung wird deshalb vorgenommen, weil die staatlichen Planungen sich nicht lediglich auf die beiden großen, übergeordneten Ebenen der Bundesländer und des Bundes beschränken. Häufig werden nämlich auf den unteren Ebenen Planungen vorgenommen, die sich besonders stark auf den Raum auswirken.

C.5 Planungen auf Gemeindeebene, insbesondere Bauleitplanung

Die Bauleitplanung ist im Baugesetzbuch geregelt. Sie hat die Aufgabe, die bauliche oder sonstige Nutzung der Grundstücke im Gebiet einer *Gemeinde* nach Maßgabe des Baugesetzbuches vorzubereiten. Unter Bauleitplänen versteht man sowohl die Flächennutzungspläne (sie werden auch „vorbereitende" Bauleitpläne genannt) als auch die Bebauungspläne (sie haben auch den Namen „verbindliche" Bauleitpläne).

Der *Flächennutzungsplan* wird für das gesamte Gemeindegebiet aufgestellt (§ 5 Abs. 1 BauGB), und in ihm ist die sich aus der beabsichtigten städtebaulichen Entwicklung ergebende Art der Boden- bzw. Flächennutzung in ihren Grundzügen dargestellt. Der *Bebauungsplan* umfasst im Gegensatz zum Flächennutzungsplan nicht das ganze Gemeindegebiet, sondern nur einen Teilbereich hiervon. Bebauungspläne sind aus dem Flächennutzungsplan zu entwickeln (§ 8 Abs. 2 BauGB).

Alle Bauleitpläne (sowohl Flächennutzungspläne als auch Bebauungspläne) sind von den Gemeinden in eigener Verantwortung aufzustellen (§ 2 Abs. 1 BauGB).

Basiswissen (mit Glossar und Abkürzungsverzeichnis)

C.6 Planungen auf der Landkreisebene

Die Landkreise sind Träger kommunaler Selbstverwaltung und stehen über der Ebene der Gemeinden. Zu den Aufgaben der Landkreise zählen die Planung und Einrichtung von Natur-, Landschaftsschutz- und Erholungsgebieten, die Förderung der Wirtschaft in der Region, z. B. durch die Ausweisung von Industriegebieten oder die Planung von Fremdenverkehrseinrichtungen, die Versorgung der Bevölkerung mit Strom und Wasser sowie die Beseitigung von Abfall und Abwasser.

C.7 Regionalplanung

Regionalplanung ist die auf den Teilraum eines Bundeslandes bezogene Planung. Sie liegt zwischen den Planungen der Gemeinden und Kreise einerseits und den Planungen der Bundesländer andererseits. Sie hat eine Mittlerfunktion zwischen den verschiedenen Planungsebenen. Diese Mittlerfunktion ist erforderlich, weil die Ziele der Landesplanung (auf der Ebene der Bundesländer) oft ziemlich allgemein abgefasst sind.

C.8 Raumordnungsverfahren

In den Programmen und Plänen der Raumordnung werden Ziele genannt, wie sich eine bestimmte Planungsregion entwickeln soll. Des weiteren wird oft allgemein angedeutet, welche Maßnahmen oder Vorhaben zur Verwirklichung dieser Ziele einzusetzen sind. Da häufig erst zu einem späteren Zeitpunkt darüber nachgedacht werden kann, wie diese Maßnahmen oder Vorhaben konkret aussehen könnten, ergibt sich für die Raumordnung bzw. Landesplanung noch die weitere Aufgabe, diese nunmehr bereits genauer umschriebenen Vorhaben hinsichtlich ihrer Auswirkungen auf die raumstrukturelle Entwicklung zu überprüfen. Dadurch wird sichergestellt, dass sich diese Maßnahmen und Vorhaben im Einklang mit allen übrigen Planungen befinden. Die Raumordnungsverfahren sind (neben der allgemeinen Planung) zum zweiten wichtigen Aufgabenfeld der Landesplanungsbehörden geworden. Ohne sie wäre ein Einwirken auf den Vollzug der Gesamtplanung und eine sinnvolle Koordinierung aller raumbedeutsamen Maßnahmen nicht möglich.

Das *Raumordnungsverfahren* ist eine dem Planfeststellungsverfahren noch vorgelagerte Verfahrensstufe (vgl. zum Planfeststellungsverfahren Kap. C.9), die ein frühzeitiges Erfassen und Bewerten aller überörtlichen Belange des Planungsraumes gewährleisten soll. Ein wesentlicher Verfahrensgrundsatz ergibt sich aus § 6a Abs. 5 ROG, wonach stets die berührten Behörden, öffentlich-rechtlichen Körperschaften, Planungsträger und Gemeinden zu beteiligen sind. Bei Vorhaben des Bundes ist zur Einleitung eines Raumordnungsverfahrens das „Benehmen" mit der zuständigen Stelle herzustellen (§ 6a Abs. 5 Satz 2 ROG); mit ihr muss sich also die Landesplanungsbehörde vorab in Verbindung setzen.

- *Raumordnungsverfahren und Umweltverträglichkeitsprüfung*

In jedem Raumordnungsverfahren sind auch die Auswirkungen der geplanten Vorhaben auf die Umwelt zu prüfen. In § 6a ROG ist den Landesplanungsbehörden die Wahlmöglichkeit eingeräumt, entweder die überörtlichen Umweltauswirkungen nur 'schlicht' mitzuprüfen oder die Prüfung gemäß dem Umweltverträglichkeitsprüfungs-Gesetz (UVPG) vorzunehmen.

- *Ergebnis und Wirkung des Raumordnungsverfahrens*

Gemäß § 6a Abs. 1 Satz 2 ROG muss nach der Durchführung eines Raumordnungsverfahrens die Feststellung getroffen werden, ob die Maßnahme oder das geplante Vorhaben mit den Erfordernissen der Raumordnung und Landesplanung übereinstimmt und wie es ggf. mit anderen raumbedeutsamen Planungen abgestimmt werden kann. Üblicherweise verwendet die Landesplanungsbehörde hierzu die Formulierung, dass die „ ... Vereinbarkeit mit den Zielen der Raumordnung und Landesplanung besteht, wenn ... ". Die Landesplanungsbehörde führt dann die wichtigsten der noch zu verwirklichenden Voraussetzungen oder Auflagen an. Hierzu gehören auch die erforderlichen ökologischen Auflagen.

§ 6a Abs. 9 ROG weist alle Stellen der öffentlichen Hand an, das Ergebnis des Raumordnungsverfahrens bei raumbedeutsamen Planungen sowie bei Genehmigungen, Planfeststellungen und sonstigen Entscheidungen zu „berücksichtigen". Was die Wirkung des Raumordnungsverfahrens außerhalb des behördlichen Bereichs anbelangt, so trifft Abs. 10 die Feststellung, dass das Ergebnis gegenüber dem Träger des Vorhabens und einzelnen Personen „keine unmittelbare Rechtswirkung" hat und Genehmigungen und Planfeststellungen nicht ersetzt.

C.9 Fachplanungen und Planfeststellungsverfahren

Fachplanungen werden von Fachbehörden des Bundes, der Länder und der Gemeinden auf Grund spezieller Fachplanungsgesetze vorgenommen und beziehen sich nicht so sehr auf bestimmte Räume, sondern mehr auf bestimmte Sachbereiche. Hierzu zählen z. B. Planungen in den Sachbereichen Straßenbau, Landwirtschaft, Wasserwirtschaft und Naturschutz. Die Fachplanung dient üblicherweise der Verwirklichung von Projekten, die Boden beanspruchen. Die verschiedenen Fachplanungsgesetze enthalten Vorschriften über die Ausarbeitung und die Feststellung der Pläne.

Wenn es um die Durchführung konkreter Projekte geht (z. B. den Bau einer Straße), findet meist das *Planfeststellungsverfahren* Anwendung. Die Planfeststellungsbehörde muss in dem Verfahren alle Einwendungen von Privatpersonen und der öffentlichen Hand prüfen und die verschiedenen raumrelevanten Interessen gegeneinander abwägen. Stellt sie fest, dass die in dem Plan dargelegten Maßnahmen durchgeführt werden können, dann kann der Antragsteller mit der Realisierung der Maßnahmen beginnen, ohne weitere Genehmigungen hierfür einholen zu müssen.

(Basiswissen mit Glossar und Abkürzungsverzechnis)

C.10 Das Gegenstromprinzip

Die Entwicklung der Kompetenzen von Bund, Ländern und Gemeinden sowie die reale Siedlungsstruktur in der Bundesrepublik Deutschland haben zur Folge, dass es oft sehr schwierig ist, einen Konsens über Raumnutzungen und raumstrukturelle Ziele zu finden. In diesem Zusammenhang kommt dem sog. Gegenstromprinzip eine große Bedeutung zu, das in § 1 Abs. 4 ROG verankert ist: „Die Ordnung der Teilräume soll sich in die Ordnung des Gesamtraumes einfügen, die Ordnung des Gesamtraumes soll die Gegebenheiten und Erfordernisse seiner Teilräume berücksichtigen". Raumordnung kann also nicht nur von „oben" (von der obersten Planungsbehörde aus gesehen) nach „unten" vorgenommen werden, sondern es ist ein wechselseitiges Zusammenwirken aller Beteiligten erforderlich. Daher werden oft auch von „unten", also von den unteren Planungsebenen, nach „oben" (quasi gegen die Stromrichtung) wertvolle Anregungen und Vorschläge gegeben. Raumordnung und Landesplanung setzen mehr auf Kooperation, Abstimmung und Ausgleich als auf die Umsetzung von Direktiven.

Glossar

Bauleitplanung: Von den kommunalen Gebietskörperschaften (Städte/Gemeinden) in eigener Verantwortung durchzuführende städtebauliche Planung, die durch die Aufstellung von ↑ Flächennutzungsplänen (unverbindliche Bauleitpläne) und ↑ Bebauungsplänen (verbindliche Bauleitpläne) die bauliche und sonstige Nutzung vorbereiten und leiten soll.

Bebauungsplan: Verbindlicher Bauleitplan einer kommunalen Gebietskörperschaft; enthält die rechtsverbindlichen Festsetzungen für die städtebauliche Ordnung. Bebauungspläne sind i.d.R. aus dem ↑ Flächennutzungsplan zu entwickeln (§§ 8 ff BauGB) und wie die Flächennutzungspläne den Zielen der ↑ Raumordnung anzupassen (§ 1 Abs. 4 BauGB).

Flächennutzungsplan: Vorbereitender Bauleitplan einer Gemeinde; im Flächennutzungsplan ist für das ganze Gemeindegebiet die sich aus der beabsichtigten städtebaulichen Entwicklung ergebende Art der Bodennutzung nach den voraussehbaren Bedürfnissen der Gemeinde in den Grundzügen darzustellen (§§ 5 ff BauGB). Der Flächennutzungsplan ist den Zielen der ↑ Raumordnung anzupassen (§ 1 Abs. 4 BauGB). Er bedarf der Genehmigung der höheren Verwaltungsbehörde (§ 6 Abs. 1 BauGB).

Grundsätze der Raumordnung und Landesplanung: Durch Gesetz und Raumordnungspläne vorgegebene, raumordnungspolitische Leitvorstellungen, die von den öffentlichen Planungsträgern bei raumbedeutsamen Planungen und Maßnahmen gegeneinander und untereinander abzuwägen sind.

Infrastruktur: Unterscheidet sich in materielle, institutionelle und personelle Infrastruktur.
– *Materielle Infrastruktur*: Anlagen, Ausrüstungen und Betriebsmittel der Energieversorgung, Verkehrsbedienung, Telekommunikation, Gebäude und Einrichtungen der staatlichen Verwaltung, des Bildungs-, Erziehungs-, Forschungs-, Gesundheits- und Fürsorgewesens.
– *Institutionelle Infrastruktur*: Gewachsene und gesetzte Normen, Einrichtungen und Verfahrensweisen.
– *Personelle Infrastruktur*: Bevölkerungszahl, geistige, unternehmerische und handwerkliche Fähigkeiten.

Körperschaft öffentlichen Rechts: Nach dem öffentlichen Recht eine rechtsfähige Institution, die öffentliche (z. B. Planungs-)Aufgaben unter Aufsicht (des Staates, ... der Bezirksregierung) wahrnimmt.

Landesentwicklungsprogramm (LEP): Programm mit Ordnungsfunktion; bildet die Grundlage für die räumliche Weiterentwicklung des betr. Bundeslandes und seiner Teilräume. Das LEP gibt die Ziele und Grundsätze der ↑ Landesplanung vor; diese sind für alle Planungsträger rechtsverbindlich (z. B. §§ 10 und 11 LPlG von Rheinland-Pfalz). Abweichungen von den Zielen sind nur nach Zulassung durch die oberste Landesplanungsbehörde möglich.

Landesplanung: Die auf ein Bundesland bezogene zusammenfassende, überörtliche und überfachliche Planung; erarbeitet Programme und Pläne und koordiniert raumbedeutsame Planungen und Maßnahmen.

Planfeststellungsverfahren: Zulassungsverfahren für ein größeres Einzelvorhaben (z. B. Bau einer Straße); beinhaltet Erfassung und Abwägung aller öffentlichen und privaten Belange bezüglich des konkreten Vorhabens, das sich in die räumliche Umgebung einzupassen hat; infolge seiner Konzentrationswirkung bezüglich sämtlicher Genehmigungen entfallen weitere Genehmigungsverfahren für den Antragsteller.

Raumordnung: Zusammenfassende, überörtliche und überfachliche Planung zur Ordnung, Entwicklung und Sicherung des Raumes, bezogen auf ein sehr großes Verwaltungsgebiet (z. B. Staatsgebiet).

Raumordnungsbericht: Die Regierungen der Bundesländer müssen den Länderparlamenten im Abstand von einigen Jahren Berichte über die auf die räumliche Entwicklung der Länder einwirkenden Tatsachen, Entwicklungstendenzen und durchgeführten Maßnahmen erstatten.

Regionale Grünzüge: Räumlich zusammenhängende Bereiche mit besonderen ökologischen oder mit naherholungsbezogenen und siedlungsgliedernden Funktionen außerhalb von Siedlungs- und Verkehrsflächen; im Bereich der regionalen Grünzüge dürfen nur Vorhaben zugelassen werden, die die Funktionen nicht beeinträchtigen.

Regionalplanung: Planung im Gebiet einer Region, bei der Land, Gemeindeverbände und Gemeinden zusammenwirken.

Umweltverträglichkeitsprüfung (UVP): Unselbstständiger Teil verwaltungsbehördlicher Zulassungsverfahren; umfasst Ermittlung, Beschreibung und Bewertung der Auswirkungen eines Vorhabens auf Menschen, Tiere und Pflanzen, Boden, Wasser, Luft, Klima und Landschaft – einschließlich der jeweiligen Wechselwirkungen – sowie auf Kultur und sonstige Sachgüter.

Verdichtungsräume: Charakterisieren sich u. a. durch Konzentration von Einwohnern und Arbeitsplätzen sowie durch vielfältige Infrastruktur; im ↑ Landesentwicklungsprogramm von Rheinland-Pfalz sind u. a. „hochverdichtete Räume" und „verdichtete Räume" ausgewiesen.

Vorranggebiete: Gebiete, die für bestimmte, raumbedeutsame Funktionen oder Nutzungen vorgesehen sind und andere raumbedeutsame Nutzungen in diesem Gebiet ausschließen, soweit diese mit den vorrangigen Funktionen, Nutzungen oder Zielen der Raumordnung nicht vereinbar sind. In diesem Sinne definiert das Raumordnungsgesetz (ROG) in § 7 Abs. 4, Nr. 1 den Begriff "Vorranggebiet".

Zentraler Ort: Ort, der über die Versorgung der eigenen Bevölkerung hinaus entsprechend seiner jeweiligen Funktion im zentralörtlichen System Versorgungsaufgaben für die Bevölkerung seiner Verflechtungsbereiche wahrnimmt.
– *Oberzentren* sind vor allem Standorte von Einrichtungen des spezialisierten höheren Bedarfs mit Universitäten, Theater, Stadien,

Basiswissen (mit Glossar und Abkürzungsverzeichnis)

großen Banken und Spezialgeschäften sowie Verwaltungen; versorgen die Bevölkerung eines größeren Einzugbereiches mit hochwertigen Gütern und Dienstleistungen des langfristigen bzw. gelegentlichen Bedarfs;

– *Mittelzentren* haben Einrichtungen der allgemeinen und beruflichen Aus- und Weiterbildung, Einrichtungen im Sozial- und Gesundheitsbereich sowie größere Anlagen im Bereich von Freizeit und Sport; versorgen die Bevölkerung ihres Einzugsgebietes mit Gütern und Dienstleistungen des mittelfristigen, gehobenen Bedarfs;

– *Grundzentren (auch Unterzentren)* sind Sitz der Verbandsgemeindeverwaltung und/oder einer Hauptschule; sie haben meist auch kleinere Sport- und Freizeiteinrichtungen, Arztpraxen und andere Einrichtungen des Dienstleistungsbereichs; versorgen die Bevölkerung des Nahbereichs vor allem mit Gütern und Dienstleistungen des alltäglichen (bis mittelfristigen) bzw. gering- bis mittelwertigen Bedarfs.

Ziele der Raumordnung: Für öffentliche und private Planungsträger verbindliche Vorgaben in Form von räumlich und sachlich bestimmten oder bestimmbaren, vom Träger der Landes- oder Regionalplanung abschließend abgewogenen textlichen oder zeichnerischen Festlegungen in Raumordnungsprogrammen oder -plänen zur Entwicklung, Ordnung und Sicherung des Raumes.

Abkürzungsverzeichnis

Abs.
Absatz

BauGB
Baugesetzbuch

BbgBkGG
Brandenburgisches Braunkohlengrundlagengesetz

BIP
Bruttoinlandsprodukt

DEBRIV
Deutscher Braunkohlen-Industrie-Verein e.V.

GG
Grundgesetz

LAUBAG
Lausitzer Braunkohle Aktiengesellschaft

LMBV
Lausitzer und Mitteldeutsche Bergbau- und Verwaltungsgesellschaft mbH

MIBRAG
Mitteldeutsche Braunkohlengesellschaft mbH

S.
Seite

SachsLPlG
Landesplanungsgesetz von Sachsen

D Unterrichtsvorschläge

D.1 Planungen auf Gemeindeebene (Bebauungspläne und Flächennutzungsplan am Beispiel von Bonn)

1. Lernziele

Die Schüler sollen
- die Bedeutung von Flächennutzungs- und Bebauungsplänen (Bauleitplänen) für die bauliche Entwicklung der Gemeinden kennen lernen;
- Kenntnisse darüber erlangen, wie sie sich an Planungsvorhaben der Gemeinden beteiligen können;
- zwei konkrete Bebauungspläne aus dem Stadtgebiet von Bonn kennen lernen;
- die einzelnen Schritte bei der Erstellung dieser Bebauungspläne nachvollziehen können;
- erfahren, dass Neubaumaßnahmen oft mikroklimatische Auswirkungen haben, die schon in der Planungsphase zu berücksichtigen sind;
- Ausgleichsmaßnahmen für die Inanspruchnahme von Land für Wohnbauten kennen lernen.

2. Sachanalyse

• *Bauleitplanung*
Die Gemeinden haben gemäß Art. 28 Abs. 2 GG das Recht, alle Angelegenheiten ihrer örtlichen Gemeinschaft zu regeln und damit auch die sog. Planungshoheit über ihr Gemeindegebiet. Die Planungen auf Gemeindeebene erfolgen über die *Bauleitplanung*, die im Baugesetzbuch ausführlich geregelt ist. Unter Bauleitplänen versteht man sowohl die Flächennutzungspläne (sie werden auch „vorbereitende" Bauleitpläne genannt) als auch die Bebauungspläne (sie haben auch den Namen „verbindliche" Bauleitpläne).

Tafelanschrieb:

Bauleitplanung	
Flächennutzungsplan	Bebauungsplan
„vorbereitender" Bauleitplan	„verbindlicher" Bauleitplan

• *Flächennutzungsplan*
Der Flächennutzungsplan wird für das gesamte Gemeindegebiet aufgestellt (§ 5 Abs. 1 BauGB), und in ihm ist die sich aus der beabsichtigten städtebaulichen Entwicklung ergebende Art der Bodennutzung in ihren Grundzügen dargestellt.

Aus dem Flächennutzungsplan können aber auch Gemeindeflächen ausgenommen werden, wenn die Gemeinde die Entscheidung über deren Nutzung erst zu einem späteren Zeitpunkt fällen möchte. Im Flächennutzungsplan können, wie aus der Baunutzungsverordnung hervorgeht, vier verschiedene Arten von Bauflächen und zehn unterschiedliche Arten von Baugebieten dargestellt werden. Dem Flächennutzungsplan ist ein Erläuterungsbericht beizufügen. Hierin sind die Ziele, Zwecke und Auswirkungen der beabsichtigen städtebaulichen Entwicklung aufzuzeigen.

• *Bebauungsplan*
Der Bebauungsplan umfasst im Gegensatz zum Flächennutzungsplan nicht das ganze Gemeindegebiet, sondern nur einen Teilbereich hiervon. Bebauungspläne sind aus dem Flächennutzungsplan zu entwickeln (§ 8 Abs. 2 BauGB). Da sie die rechtsverbindlichen Festsetzungen über die städtebauliche Ordnung enthalten, müssen sie von den Gemeinden in der Rechtsform der Satzung beschlossen werden.

• *Grundsätze für die Aufstellung von Bauleitplänen*
Alle Bauleitpläne (sowohl Flächennutzungspläne als auch Bebauungspläne) sind von den Gemeinden in eigener Verantwortung aufzustellen (§ 2 Abs. 1 BauGB). Dies folgt aus der im Grundgesetz verankerten Garantie der sog. kommunalen Selbstverwaltung (Art. 28 Abs. 2 GG). Die Planungshoheit der Gemeinden hat allerdings auch Grenzen. Sie gilt nämlich gem. § 38 BauGB nicht bei Planfeststellungsverfahren (vgl. hierzu Kap. C.9) auf den Gebieten des Verkehrs-, Wege- und Wasserrechts. § 38 BauGB bezeichnet man daher als die „Verlustliste der gemeindlichen Planungshoheit". Aber auch noch auf Grund anderer Bundes- und Landesgesetze können Entscheidungen getroffen werden, die die Planungshoheit der Gemeinden beeinträchtigen. Beispiele hierfür sind die Festsetzungen von Schutzgebieten nach dem Wasser-, Naturschutz- und Denkmalschutzrecht. Außerdem bestimmt § 1 Abs. 4 BauGB ausdrücklich, *dass die Bauleitpläne den Zielen der Raumordnung und Landesplanung anzupassen sind*. Hierbei handelt es sich um eine zwingende Verpflichtung, deren Missachtung einen Mangel des Bauleitplans begründet und damit eine Pflicht, ihn zu überarbeiten (*Handwörterbuch der Raumordnung* 1995, S. 62).

Schließlich ist zu beachten, dass alle Entscheidungen der Gemeinden bzgl. der Bauleitplanung der Rechtsaufsicht seitens der höheren Verwaltungsbehörden unterliegen. Diese prüfen einerseits, ob die Bauleitpläne ordnungsgemäß zustande gekommen sind, also ob etwaige Verfahrens- oder Formfehler vorliegen. Andererseits untersuchen sie auch, ob die Inhalte der Bauleitpläne den Anforderungen des Baugesetzbuches und sonstiger Rechtsvorschriften entsprechen. Nur wenn die höheren Verwaltungsbehörden keine Rechtsmängel finden, erfolgt die Genehmigung der Bauleitpläne, und erst danach können sie rechtswirksam werden.

• *Beteiligung der Bürger im Planungsverfahren*
§ 3 BauGB fordert, dass die Bürger möglichst frühzeitig über die allgemeinen Ziele und Zwecke der Planungen und die voraussichtlichen Auswirkungen der Planungen öffentlich zu unterrichten sind. Das Verfahren zur Aufstellung oder Änderung eines Flächennutzungs- oder Bebauungsplanes beginnt gem. § 2 Abs. 1 Satz 2 BauGB mit dem sog. Einleitungsbeschluss, der öffentlich bekanntzumachen ist. Die öffentliche Bekanntmachung

Unterrichtsvorschläge — D

kann z. B. in einer im Planungsgebiet verbreiteten Zeitung erfolgen. Bereits in dieser ersten Phase der Erarbeitung des Entwurfs eines Bauleitplanes haben die Bürger die Möglichkeit, der Verwaltung Vorschläge zur Ausgestaltung des Planes zu unterbreiten.

Wenn die Verwaltung den Entwurf eines Bauleitplanes fertig ausgearbeitet hat, dann muss sie diesen mit einem Erläuterungsbericht für die Dauer eines Monats öffentlich auslegen. Sie ist verpflichtet, den Ort und die Dauer der *Auslegung* mindestens eine Woche vorher ortsüblich bekanntzumachen und darauf hinzuweisen, dass Anregungen während der Auslegungsfrist vorgebracht werden können. In der sog. Auslegungsphase haben die Bürger also erneut die Möglichkeit, sich durch Änderungsvorschläge an dem Verfahren zu beteiligen. Die Verwaltung ist verpflichtet, die von den Bürgern vorgebrachten Anregungen zu prüfen und ihnen das Ergebnis der Überprüfung mitzuteilen. Haben mehr als fünfzig Personen Anregungen mit im wesentlichen gleichem Inhalt vorgetragen, dann kann die Mitteilung des Ergebnisses der Überprüfung an die Einzelnen dadurch ersetzt werden, dass ihnen während der Dienststunden der Verwaltung Einsichtnahme in das Ergebnis gewährt wird.

- *Die Bebauungspläne „An Justin Hütten – Auf dem Donnerspfad" und „In der Pützfläche" in Bonn*

Das Stadtplanungsamt von Bonn hat Ende 2000 für die Bonner Ortsteile Dransdorf und Lessenich die beiden Bebauungspläne Nr. 7322-12 („An Justin Hütten – Auf dem Donnerspfad") und Nr. 7322-13 („In der Pützfläche") erarbeitet (vgl. M.1.1).

Zunächst erscheint es sinnvoll, einige Informationen zu geben über Dransdorf, das sich am oberen Karten- bzw. Bildrand befindet, und über Lessenich (unterer Rand; M 1.1). Die Ortsteile Dransdorf und Lessenich befinden sich auf der Niederterrasse des Rheins. Steinzeitliche Funde sowie fränkische Gräberfunde lassen auf eine frühe und bis heute kontinuierliche Besiedlung schließen. Im Mittelalter wurde in Dransdorf eine Burganlage errichtet, die bis heute bewohnt wird. Bis zur Gebietsreform 1968 handelte es sich um selbstständige Gemeinden, die zum damaligen Landkreis Bonn gehörten.

Die alten Ortskerne mit Kirche, Fachwerkhäusern, Geschäften sind in ihrer Struktur bis heute zu einem großen Teil erhalten geblieben. In beiden Ortsteilen findet man auch heute noch landwirtschaftliche Nutzung (Anbau von Gemüse und Erdbeeren). Bedingt durch die Hauptstadtfunktion von Bonn bis 1990 entstanden in Dransdorf und Lessenich aber auch Neubaugebiete und mittelständische Industrieansiedlungen, so dass beide Ortsteile in den letzten Jahren einen großen Bevölkerungszuwachs erlebten. Auf Grund der verkehrsgünstigen Lage an der Stadtbahnlinie Köln–Bonn und der Kreisstraße K 12n lassen sich die Innenstadtbezirke von Bonn und Köln schnell und bequem erreichen. Versorgungseinrichtungen wie Kindergärten, Schulen, Kirchen, Sportstätten und Geschäfte sind vorhanden.

- *Die Plangebiete*

Die Abbildungen M 1.1 und M 1.2 zeigen die Grenzen der Plangebiete, und zwar eingezeichnet in einem Katasterplan (M 1.1) und in einem Luftbild (M 1.2). In dem Katasterplan sind alle Parzellen (Grundstücke) einschließlich ihrer Grenzen wiedergegeben. Ebenfalls geht aus dem Katasterplan hervor, auf welchen Parzellen bereits Häuser, Scheunen, Garagen usw. gebaut sind und welchen Grundriss diese baulichen Anlagen haben. Außerdem zeigt die Katasterkarte die genauen Verläufe von Straßen, Wegen und Bahnlinien. Über die Nutzung der unbebauten Parzellen enthält die Katasterkarte jedoch nur wenige Informationen. Mehr Auskunft hierüber gibt das Luftbild. Danach werden die unbebauten Parzellen vorwiegend landwirtschaftlich genutzt. Auf mehreren kleinen, schmal-langen Parzellen, die sich in unmittelbarer Nähe zu den Wohnhäusern von Dransdorf befinden und eine grün-graue Farbe haben, lässt sich der Anbau von Gemüse erkennen. Auf den besonders großen Parzellen innerhalb der Plangebiete wird vorwiegend Getreide angebaut. Weiterhin kommen auf dem Luftbild Bäume bzw. Baumgruppen besser zum Ausdruck als auf der Katasterkarte.

- *Die Plangebiete innerhalb des Flächennutzungsplans der Stadt Bonn*

M 1.3 zeigt, wo die Gebiete der beiden neuen Bebauungspläne im Flächennutzungsplan der Stadt Bonn liegen. Mit roter Farbe sind im Flächennutzungsplan die Wohnbauflächen eingetragen, mit grüner die Grünzüge, mit hellgelber die landwirtschaftlichen Nutzflächen und mit dunkelgelber neue, geplante Verkehrswege. Außerdem weisen verschiedene Symbole auf die Standorte von Schulen, Kindergärten, Kirchen usw. hin.

- *Planungen zur Baustruktur, zur Verkehrserschließung und zu Ausgleichsmaßnahmen*

Aus M 1.4 geht die zukünftige Bebauung im Gebiet des Bebauungsplanes hervor. In lila Farbe sind die Grundrisse der geplanten Häuser und Garagen eingetragen. Hinsichtlich der Häuser differenziert M 1.4 zwischen Geschosswohnungsbau, Reihenhäusern und Einzelhäusern. Bei der Überschrift von M 1.4 „Baustruktur" findet sich noch der Hinweis „Variante 1". Es gibt also noch weitere Varianten, die hier aber aus Platzgründen nicht vorgeführt werden können.

M 1.5 befasst sich mit der Verkehrserschließung innerhalb der Bebauungspläne. Unter dem Gesichtspunkt der Erreichbarkeit müssen die neuen Häuser an ein Wegenetz angeschlossen sein. Insofern ist die Anlegung eines neuen Wegenetzes eine grundlegende Voraussetzung für den Bau der neuen Wohnsiedlungen. Hinsichtlich der Verkehrsverbindungen differenziert M 1.5 zwischen Erschließungsstraßen, Wohnwegen, Fußwegen, Radwegen und Wirtschaftswegen.

Für den Bau der neuen Siedlungen wird sehr viel Land benötigt, das zuvor als Grünland oder zu landwirtschaftlichen Zwecken genutzt wurde. Es erfolgen insofern in vorhandenem Siedlungsbild und Ökologie erhebliche Veränderungen: Sowohl die Flora als auch die Fauna werden beeinträchtigt. Um die Veränderungen im Siedlungsbild und in der Ökologie möglichst gering zu halten, sehen die Bebauungspläne eine Vielzahl von Ausgleichsmaßnahmen vor (M 1.6):
- Wiederherstellung charakteristischer Ortsrandausbildungen mit Gärten und Dungwegen;
- Aufwertung der gärtnerischen und landwirtschaftlichen Kulturlandschaft mittels extensiver Obstweiden und Wiesen;
- Anpassung von Wegen und Versickerungsmulden an die Oberflächengestalt;
- Erhaltung wertvoller Einzelbäume und Gehölzstrukturen.

Unterrichtsvorschläge

Der Bau neuer Siedlungen hat nicht nur Auswirkungen auf die Ökologie, sondern auch auf das Mikroklima. Daher sind bei der Erstellung von Bebauungsplänen auch die mikroklimatischen Besonderheiten zu berücksichtigen. M 1.7 zeigt, wo in der Umgebung der beiden Gebiete der Bebauungspläne Frischluftschneisen, Kaltluftseen, Stadtrandklima, Freilandklima der Tieflagen und ein Kaltluftabfluss anzutreffen sind.

Besonders bemerkenswert ist, dass durch den Süden des Plangebietes „An Justin Hütten - Auf dem Donnerspfad" und durch den Norden des Plangebietes „In der Pützfläche" eine große Frischluftschneise verläuft. Sie ist sehr wichtig für die Zufuhr von Frischluft für den Innenstadtbereich von Bonn. Dies ist mit ein Grund dafür, dass man zwischen der Bebauung in den Plangebieten „An Justin Hütten – Auf dem Donnerspfad" und „In der Pützfläche" einen größeren Freiraum gelassen hat.

M 1.8 ist eine Gesamtdarstellung der in den vorangehenden Abschnitten besprochenen Einzelplanungen. Die Gesamtdarstellung hat den Vorteil, dass hierin das Zusammenwirken der Einzelplanungen wiedergegeben ist. Alle Einzelplanungen sind gegenseitig genau aufeinander abgestimmt. Ein Nachteil der Gesamtdarstellung ist aber, dass die Karte sehr mit Eintragungen überfrachtet ist und dadurch etwas unübersichtlich wirkt.

3. Didaktisch-methodische Gestaltung

Zunächst erläutert der Lehrer den Begriff „Bauleitplanung" und erklärt, was man unter einem Flächennutzungsplan und einem Bebauungsplan versteht (vgl. Tafelanschrieb). Er legt dar, welche Möglichkeiten die Bürger haben, sich an der Erstellung von Flächennutzungs- und Bebauungsplänen zu beteiligen. Genaue Bestimmungen bezüglich Flächennutzungs- und Bebauungsplan finden sich im Baugesetzbuch und in der Baunutzungsverordnung. Sodann zeigt der Lehrer die von M 1.1 und M 1.2 hergestellten Folien (die in schwarz-weiss gehaltene Abb. M 1.1 kann auch als Fotokopie ausgeteilt werden; möglich ist selbstverständlich auch, die Abbildungen auf der CD mit einem Beamer zu projizieren). Die Schüler sollen zunächst die Siedlungsstruktur von Dransdorf und Lessenich beschreiben und Aussagen über die Nutzung der die Orte umgebenden Felder treffen. Insbesondere sollen sie auch die Landnutzung innerhalb der beiden Bebauungspläne herausarbeiten. Als nächstes zeigt der Lehrer M 1.3 und erklärt, in welchen Farben in dem Flächennutzungsplan die verschiedenen Formen der Landnutzung dargestellt sind.

Sodann folgt eine Besprechung von M 1.4, wobei vor allem die Begriffe Geschosswohnungsbau, Reihenhäuser und Einzelhäuser erörtert werden sollen. Ein Merkmal der in Geschossbauweise errichteten Wohnhäuser ist, dass hierin mehrere Wohnungen vorhanden sind. Bei M 1.5 sind die Begriffe Erschließungsstraße, Wohnweg, Fußweg, Radweg und Wirtschaftsweg kurz zu klären.

Beispielsweise können Erschließungsstraßen mit einem Auto befahren werden, während Wohnwege oft nur für Fußgänger vorgesehen sind. Bisweilen enden Erschließungsstraßen an Garagen, so dass die Strecke von dort bis zur Haustür als Wohnweg ausgestaltet ist. Der Lehrer weist darauf hin, dass die geplante Verkehrserschließung mit der geplanten Bebauung genau abgestimmt ist. Zum Beispiel liegen alle in der Geschossbauweise geplanten Wohnhäuser (in denen Wohnungen für jeweils mehrere Familien vorgesehen sind) an Erschließungsstraßen. Da in diesen Häusern üblicherweise wesentlich mehr Menschen als in Reihen- oder Einzelhäusern leben, ist es sinnvoll, dass man an diese mit dem Pkw direkt heranfahren kann.

Daraufhin diskutieren Lehrer und Schüler die Ausgleichsmaßnahmen zu den beiden Bebauungsplänen (M 1.6). Dabei soll klar werden, warum solche Maßnahmen erforderlich sind. Bei der Betrachtung der Gesamtdarstellung (M 1.8) sind die Vor- und Nachteile einer solchen Karte zu besprechen.

Bei M 1.4 – 1.6 handelt es sich um die „Variante 1" des Bebauungsplanes. Die Schüler sollen überlegen, welche anderen Varianten noch in Betracht kommen (können).

Insbesondere kann ihnen aufgegeben werden, eine Karte mit einer anderen Baustruktur, d. h. einer anderen Verteilung der Einzel- und Reihenhäuser sowie der Häuser in Geschossbauweise, zu entwerfen. Der Lehrer kann Fotokopien von M 1.1 austeilen, in die die Schüler ihre Ideen einzeichnen. Die Schüler sollen ihre eigenen Planungen auch begründen. Zu bedenken ist dabei, dass im Süden des Bebauungsplanes „An Justin Hütten – Auf dem Donnerspfad" und im Norden des Bebauungsplanes „In der Pützfläche" eine unbebaute Fläche als Frischluftschneise frei bleiben muss. Außerdem kann den Schülern die Aufgabe gestellt werden, über weitere Ausgleichsmaßnahmen nachzudenken und diese in eine Fotokopie von M 1.1 einzutragen.

In Ergänzung zur Behandlung des Themas „Planung auf Gemeindeebene" empfiehlt es sich, dass der Lehrer mit den Schülern zum nächst gelegenen Bauplanungsamt geht, um dort einen der gerade auslieger Bebauungs- und/oder Flächennutzungspläne zu besprechen. Hierbei können die Schüler die während der Unterrichtseinheit erworbenen Kenntnisse anwenden. Für die Schüler ist es sicherlich auch von Interesse, wenn der Lehrer mit ihnen ein in der Nähe der Schule befindliches Baugebiet besichtigt, wo z. B. die Verkehrswege bereits fertiggestellt, aber noch keine Häuser gebaut sind. Hierbei kann den Schülern u. a. das Ausmaß der mit der Umsetzung des Bebauungsplanes einhergehenden Veränderungen in der Landschaft und die Bedeutung von Ausgleichsmaßnahmen für diese Veränderungen besonders deutlich vor Augen geführt werden.

4. Verlaufsplanung (4 – 5 Stunden)

Kurzerläuterungen	Materialien
• Begriffe Bauleitplanung, Flächennutzungsplan, Bebauungsplan	Tafelanschrieb
• Beispiele: Bebauungspläne in Bonn und Flächennutzungsplan	M 1.1 – 1.3
• Baustruktur, Verkehrserschließung und Ausgleichsmaßnahmen in den Bonner Bebauungsplänen	M 1.4 – 1.7
• Gesamtdarstellung der beiden Bonner Bebauungspläne	M 1.8
Addita: • Besichtigung und Besprechung eines im nächst gelegenen Bauplanungsamt ausliegenden Bebauungsplanes	
• Besichtigung eines Neubaugebietes mit Arbeitsaufträgen an die Schüler	

Unterrichtsvorschläge

D.2 Planungen auf Kreisebene (mit dem Beispiel „Vulkanpark" im Landkreis Mayen-Koblenz)

1. Lernziele

Die Schüler sollen
- die Planung eines Projektes auf Kreisebene kennen lernen;
- die Schwierigkeiten kennen lernen und nachvollziehen können, die ein Projekt im Rahmen der Verzahnung mit allen Beteiligten aufwirft;
- Möglichkeiten der Planungen zur Stärkung des Wirtschaftsfaktors "Tourismus" erkennen und erarbeiten;
- Planungen bei der Vernetzung von Einzelprojekten übergreifend und in Abstimmung mit den Gebietskörperschaften erfahren, begreifen und nachvollziehen können;
- mögliche ähnliche Planungsmodelle als weitere Beispiele in ihrem Raum eigenständig aufgreifen, erkunden und ihre Kenntnisse über Planungsvorhaben und -durchführungen vertiefen.

2. Sachanalyse

Die Kreise sind Träger kommunaler Selbstverwaltung. Sie sind oberhalb der Gemeinden Einrichtungen mit kommunal- und staatspolitischen Funktionen. Sie vollziehen Gesetze, schaffen Einrichtungen der kommunalen Daseinsvorsorge und planen die Entwicklung in ihrem Raum. Die Kreise sind Gebietskörperschaften, d. h. Körperschaften des öffentlichen Rechts. Ebenso haben sie die Eigenschaft eines Gemeindeverbandes, also einer eigenständigen kommunalen Körperschaft mit überörtlichen Aufgaben und dem Recht der Selbstverwaltung für den Aufgabenbereich der kreisangehörigen Gemeinden. Auf dem Lande hat – wenn auch sehr viel später – die Kreisselbstverwaltung zusammen mit den selbstbewusster und leistungsfähiger gewordenen Gemeinden darauf hingewirkt, dass hier den Städten gegenüber wertgleiche Lebensverhältnisse entstanden sind.

Zu den Aufgaben der Kreise zählen u. a. die Planung und Einrichtung von Natur-, Landschaftsschutz- und Erholungsgebieten, die Förderung der Wirtschaft in der Region, z. B. durch die Ausweisung von Industriegebieten oder die Planung von Fremdenverkehrseinrichtungen, die Versorgung der Bevölkerung mit Strom und Wasser sowie die Beseitigung von Abfall und Abwasser (vgl. Tafelanschrieb in Abschnitt 3).

Im Folgenden soll ein Beispiel von Planungen auf Kreisebene vorgestellt werden.

• *Der Vulkanpark im Landkreis Mayen–Koblenz*
Der Landkreis Mayen-Koblenz ist in weiten Teilen seines Reliefs von Vulkanismus geprägt (M 2.1). Diese geomorphologischen Faktoren beeinflussen aber auch die dort lebenden Menschen: Von der Römerzeit bis heute werden im Landkreis Mayen-Koblenz die durch vulkanische Tätigkeit entstandenen Bodenschätze kommerziell genutzt. Dadurch veränderte sich natürlich im Laufe der Jahrtausende die Landschaft; Vulkane sind jetzt 'offen', sichtbar und begehbar. Dies ist einmalig in Deutschland und bildet damit ein unverwechselbares 'Profil' der Region. Diese Einzigartigkeit gilt es zu erschließen, und zwar nicht nur wissenschaftlich, sondern vor allem touristisch. Den Wirtschaftsfaktor 'Tourismus' auszubauen und die Einzelprojekte zu vernetzen, ist Ziel des Vulkanparks. Da heute bereits jeder 12. Arbeitsplatz in Rheinland-Pfalz durch den Tourismus gesichert ist, erhofft man sich für den Landkreis Mayen-Koblenz mit Hilfe des Vulkanparks eine Verbesserung der wirtschaftlichen Situation (*Der Vulkanpark im Landkreis Mayen-Koblenz*, S. 29).

Durch den Vulkanismus, der – wie in keiner anderen Mittelgebirgsregion Deutschlands – eine außerordentlich große Fülle an Formen und Relikten aufweist, wird die Einzigartigkeit der Region herausgestellt. Der Vulkanismus hat somit große Bedeutung für die touristische Inwertsetzung, und daher hebt die Planung eines solchen Vulkanparks diesen geographischen Raum besonders hervor.

Zur Planung und Realisierung des Projektes wurde 1996 die Vulkanpark GmbH mit Sitz in Koblenz gegründet. Hieran ist der Landkreis Mayen-Koblenz über die „Rhein-Mosel-Eifel-Touristik" (REMET), den örtlichen Touristikzweckverband, besonders stark beteiligt (weiterer Beteiligter ist das Römisch-Germanische Zentralmuseum; RGMZ). Die unter starker Beteiligung des Landkreises gegründete Vulkanpark GmbH hat folgende Aufgaben: Sie soll die erdgeschichtlichen, kultur- und wirtschaftsgeschichtlichen Denkmäler im Landkreis sichern, erforschen, dokumentieren, instand setzen und im Rahmen eines Vulkanparks vernetzen und Besuchern zugänglich machen (*Der Vulkanpark im Landkreis Mayen-Koblenz*, S. 3).

Der REMET gehören derzeit nahezu alle Gemeinden des Landkreises an. Die einzelnen Vulkanparkprojekte sind demgegenüber auf bestimmte Gemeinden begrenzt. Daher soll in Zukunft ein „Zweckverband Vulkanpark" gegründet werden, an dem nicht mehr die REMET als Gesellschaft beteiligt ist, sondern die direkt betroffenen Gemeinden und der Landkreis (*Der Vulkanpark im Landkreis Mayen-Koblenz*, S. 23). Die Mitglieder werden dann der Landkreis sein sowie die Gemeinden, in denen sich ein Objekt des Vulkanparks befindet. Der Landkreis wird dann noch stärker als bisher die Planungen beeinflussen können.

• *Projekte des Vulkanparks*
Das Planungsvorhaben „Vulkanpark" geht aus M 2.2 hervor. Der Kreis und die beteiligten Gemeinden erhoffen sich durch die recht kostspieligen Planungen, die vom Vulkanismus geprägte Region deutschland- und europaweit bekannt zu machen und dadurch auch den Tourismus als wichtigen Wirtschaftsfaktor zu fördern. Es wird kein 'Spaßtourismus' im Sinne eines automatisierten Freizeitparkes geboten, sondern der Vulkanpark soll ein großes Freilichtmuseum sein, das dem Besucher geologische, vulkanologische, kultur-, wirtschafts- und kunstgeschichtliche aber auch technikgeschichtliche Denkmäler zugänglich macht und vor Ort erklärt. Der Besucher soll sich, etwa nach dem Beispiel der Auvergne in Frankreich, seine eigenen 'Highlights' selbst zusammenstellen, mehrmals wiederkommen und somit öfter und länger in der Region verweilen. Geplant ist deshalb auch die Anlegung von neuen Wegen (zum Teil über Kreisgrenzen hinweg) und Parkplätzen. Die Wege sollen naturnah ausgebaut werden, so dass Wanderwege, Radwege und Informationszentren miteinander verbunden und erschlossen werden. Der derzeitige Abbau von vulkanischem Material soll ebenfalls in die Planungen mit

eingeschlossen werden. Der Vulkanpark besteht aus mehreren Einzelprojekten, wobei einige bereits fertiggestellt sind, während die Planungen der anderen erst in einigen Jahren in die Wirklichkeit umgesetzt sein werden.

Im Folgenden sollen einige der bereits realisierten Planungen vorgeführt werden.

Projekt 1: Infozentrum und Rauscherpark an der Nette
Das neue Informationszentrum Rauschermühle, auf den Gemeindegebieten von Plaidt und Saffig gelegen (M 2.3), gibt dem Besucher einen Ein- und Überblick in bzw. über Geschichte und Entstehung der Vulkanlandschaft östlich des Eifelrandes und speziell in der dortigen naturräumlichen Einheit der Pellenz. Die letzten 200.000 Jahre werden lebendig. Der Besucher erlebt anhand von eindrucksvollen Abbildungen, Filmen, Modellen, Computersimulationen sowie Gesteinen und Exponaten die Entstehung dieser Landschaft und ihre Nutzung durch den Menschen. Bereits seit ca. 7.000 Jahren werden diese Gesteine abgebaut und gehandelt. Exponate, wie Mühlsteine oder eine Treppe zu einem römischen Steinbruch, zeigen dem Besucher, unter welchen Bedingungen in antiker Zeit Tuff und Basalt abgebaut und zu welchen Produkten das Gestein verarbeitet wurde/-n. Dem Besucher wird mittels moderner Präsentationstechnik auch vorgeführt, welche Denkmäler er im Gelände erschlossen und erläutert vorfindet; ergänzt wird dies durch Karten und Routenhefter. In unmittelbarer Nähe zu diesem Infozentrum befindet sich eines der Projekte: der Rauscherpark im Tal der Nette, der 'Garten' des Infozentrums (M 2.4). Ein Lehrpfad erklärt dem Besucher, dass dieses romantische Bachtal infolge Ausbruchs des Michelberg-Vulkans vor ca. 200.000 Jahren entstanden ist. Von der Vulkangruppe der Wannen- und Eiterköpfe geht ein breiter, 6 km langer Lavastrom in nördlicher Richtung aus. Die Nette hat ihn an der Rauschermühle bei Plaidt durchschnitten und zwängt sich im Rauscherpark tosend zwischen den Lavablöcken hindurch.

Projekt 2: Das Mayener Grubenfeld
Die Vulkanpark GmbH hat neben dem Infozentrum Rauschermühle weitere Zentren in Andernach, Mendig und Mayen geplant. Jedes Zentrum soll seinen eigenen Schwerpunkt haben. So steht im Landschaftsdenkmal „Mayener Grubenfeld", das im Mai 2000 gemeinsam mit der Eröffnung des Kultursommers Rheinland-Pfalz und dem Natursteinsymposium Lapidea eingeweiht wurde, der Steinabbau im Vordergrund (M 2.5). Der Mayener Lavastrom ist 15–20 m mächtig und wird durch dicke Pfeiler unterteilt. Die Lava, petrographisch ein Leuzit-Tephrit, hat infolge ihres Gasgehalts bei der Abkühlung eine schaumige Struktur bekommen, die sie zu einem schon seit dem Altertum geschätzten Werkstein macht. Sie lässt sich wegen ihrer porösen Beschaffenheit gut behauen, ist zugleich aber gegen Verwitterung viel widerstandsfähiger als Sandstein, Kalkstein oder auch Tuff. Aus der Mayener Lava wurden zuerst Mahlsteine hergestellt, die seit der Bronzezeit bis nach Britannien und Russland gehandelt wurden. Viele alte Wege- oder Grabkreuze in der Osteifel belegen diese heimische Steinmetzkunst. Mühlsteine stellten noch bis in die 1960er Jahre das wichtigste Produkt aus Mayener Lava dar. Sie wurden in Andernach auf Rheinschiffe verladen und bis in die Niederlande und weiter transportiert. Diese Zusammenhänge zu verdeutlichen ist auch ein Anliegen der geplanten Informationszentren in Mayen und Andernach. Die aufgelassenen tiefen Steinbrüche des Mayener Grubenfeldes dokumentieren heute aufschlussreich den Bergbau in diesem Raum.

Projekt 3: Mendig mit Vulkanmuseum, Museumslay und Vulkanbrauhaus
Weitere unter der Mitwirkung des Landkreises Mayen-Koblenz geplante und verwirklichte Projekte im Rahmen des Vulkanparks befinden sich in der Stadt Mendig, die auf einem ca. 200.000 Jahre alten Lavastrom liegt. 1987 gründeten in Mendig der Vulkanologe Prof. Dr. Ulrich Schmincke und andere an Vulkanismus interessierte Personen die Deutsche Vulkanologische Gesellschaft. Im Sudhaus einer ehemaligen Brauerei richteten sie das Deutsche Vulkanmuseum ein. Präsentiert werden dort vulkanische Gesteine und Werkzeuge des mehrere tausend Jahre alten Steinabbaus.

Besucher des Vulkanmuseums in Mendig können vom Vulkanmuseum in die 'Unterwelt', den sog. Mendiger Felsenkeller, hinabsteigen. Entstanden ist er durch jahrhunderte langen Basaltabbau; im Mendiger Gebiet wurde der Basalt im Untertagebau gewonnen. Die unbrauchbare Dachschicht ließ man dabei stehen, ebenso einige Stützpfeiler. So entstanden große unterirdische Hallen, die wegen der Verdunstungskälte sehr kühl waren. In einer Zeit, in der es noch keinen Strom und somit auch keine Kühlschränke und -häuser gab, stellten diese unterirdischen Hallen ideale Lager dar, z. B. für Bier. Das 'Niedermendiger Felsenbier' war sehr berühmt. 23 Brauereien waren hier zeitweise tätig, heute arbeitet noch eine (M 2.6).
Nur wenige Schritte vom Museum und dem Felsenkeller entfernt wurde für Besucher des Vulkanparks die „Museumslay" eingerichtet, eine Ausstellung mit Geräten, Werkzeugen und einem historischen Grubenkran, mit dem die „Layer" (Layer waren Grubenarbeiter) Steine förderten. In einigen Jahren soll ein Besucherzentrum analog zum Infozentrum Rauschermühle eingerichtet werden. Der Landkreis Mayen-Koblenz als ein Beteiligter an den Planungen erhofft sich durch diese Maßnahme eine Zunahme des Tourismus aus dem In- und Ausland und damit eine Stärkung der Wirtschaft in dieser Region.

Projekt 4: Wingertsbergwand
Ein anderes unter Beteiligung des Landkreises geplantes und bereits realisiertes Projekt ist die Unterschutzstellung der Wingertsbergwand am südlichen Rand des Laacher-See-Vulkans (M 2.7). Der Ausbruch der Laacher-See-Vulkane stellte ein auch im weltweiten Maßstab spektakuläres Ereignis dar. Nachdem bereits im Altpleistozän westlich des Laacher Sees zahlreiche Vulkanausbrüche stattgefunden hatten, erfolgte vor ca. 13.000 Jahren ein Ausbruch, bei dem sich Bims bildete. Das helle, poröse Lockermaterial hat sich in der Pellenz und im Mittelrheinischen Becken abgelagert, wobei die Mächtigkeit der Bimsschicht von der Stelle des Ausbruchs (dort bis zu 50 m) nach Osten hin kontinuierlich abnimmt (in Rheinnähe nur noch ca. 2 m). Die etwa 50 m hohe Wingertsbergwand veranschaulicht in hervorragender Weise die gewaltigsten Vulkanausbrüche der jüngeren Erdgeschichte in Mitteleuropa. Zahlreiche eng

Unterrichtsvorschläge   D

übereinander liegende Bims- und Tuffschichten erzählen von dem Inferno, das vor ca. 13.000 Jahren dort stattfand, nur wenige Tage dauerte, aber die Landschaft grundlegend und nachhaltig veränderte. Mit Überschallgeschwindigkeit wurde Magma in einer bis zu 40 km hohen Eruptionssäule emporgeschleudert, ähnlich jenem Ausbruch des Mount St. Helens, der am 1./2. Juli 1998 stattfand. Das Material fiel in der Nähe der Ausbruchsstelle wieder zu Boden oder wurde von den vorherrschenden Westwinden viele Kilometer nach Osten geweht. Jegliches Leben wurde unter den mächtigen Bimsschichten begraben. Glutlawinen und Ascheströme folgten und hinterließen einer Mondlandschaft ähnelndes Bild. Die mitgeführten Aschen verfestigten sich schließlich infolge Kontaktes mit Wasser zu Tuff. Den Besuchergruppen wird heute an der Wingertsbergwand die Geschichte des Vulkanismus anschaulich vor Augen geführt. Die Broschüren „Tauchen Sie ein in die Welt der Vulkane" und „Zeitzeuge eines vulkanischen Infernos" mit einer Kurzbeschreibung der Geschehnisse, die zur Bildung der Wingertsbergwand führten, können über die Vulkanpark GmbH bezogen werden (Infozentrum Rauschermühle).

Projekt 5: Trassgrube Meurin
Unter Mitwirkung des Landkreises Mayen-Koblenz konnte im Jahre 2000 eine weitere Planung im Rahmen des Vulkanparks verwirklicht werden: die Trassgrube Meurin bei Kretz (M 2.8). Eine kühne Leichtmetallkonstruktion überspannt den Römerstollen in der Trassgrube Meurin; Schautafeln und lebensgroße Figuren dokumentieren den Trassabbau während der letzten 2000 Jahre. Während die Römer den leichten und doch widerstandsfähigen Trass (einen verfestigten Bimsstein) in der Form von „Tuffziegeln", die dreimal so groß wie unsere gebrannten Ziegelsteine sind, für ihre Befestigungen verwandten, war Trass im Mittelalter besonders beim Gewölbebau der Kirchen gefragt. Heute wird er als Baustein kaum mehr benutzt.

3. Didaktisch-methodische Gestaltung

Tafelanschrieb:

Aufgaben der Kreise
– Planung und Einrichtung von Naturschutz- und Erholungsgebieten
– Förderung der Wirtschaft; Planung und Ausbau von Einrichtungen für den Fremdenverkehr
– Versorgung der Bevölkerung mit Strom und Wasser
– Beseitigung von Abfall und Abwasser

Zunächst legt der Lehrer dar, welche Planungen und anderen Aufgaben von den Landkreisen durchzuführen sind (Tafelanschrieb). Sodann geht er darauf ein, dass der Landkreis Mayen-Koblenz einen Vulkanpark geplant hat und ihn über die Vulkanpark GmbH bereits teilweise realisieren konnte. Er zeigt auf, dass es sich beim nördlichen Teil des Landkreises Mayen-Koblenz um eine vulkanische Landschaft handelt, die heute nach jahrhundertelanger bergbaulicher und industrieller Nutzung touristisch in Wert gesetzt werden soll. Diese Region soll durch das Konzept eines Vulkanparks touristisch 'vermarktet' werden. Die Schüler sollen erkennen, dass bei einem solchen Projekt, das die Gebiete mehrerer Gemeinden umfasst, der Landkreis der beste Träger der Planung ist.

Vor allem der nördliche Teil des Landkreises Mayen-Koblenz ist vom Vulkanismus geprägt (M 2.1). Durch den Vulkanpark soll einerseits das kulturelle und touristische Angebot der Region erweitert, andererseits aber auch die dortige Wirtschaft gestärkt werden. Der Lehrer bespricht daraufhin die einzelnen Projekte des Vulkanparks (M 2.2), die unter starker Mitwirkung des Landkreises bereits realisiert worden sind:
– Projekt „Informationszentrum Rauschermühle" (M 2.3);
– Projekt „Rauscherpark" (M 2.4);
– Projekt „Mayener Grubenfeld" (M 2.5);
– Projekt „Vulkanmuseum in Mendig" (M 2.6);
– Projekt „Wingertsbergwand" (M 2.7);
– Projekt „Trassgrube Meurin" (M 2.8).

Die Schüler sollen über Planungsprozesse, organisatorische Fragen und Schwierigkeiten bei der Durchführung der Planung informiert werden. Sie sollen weiterhin überlegen, wie die einzelnen Themen museumstechnisch und möglichst zuschauergerecht dargestellt werden können. Im Rahmen der Besprechung des Projekts „Vulkanmuseum in Mendig" erscheint es sinnvoll, dass der Lehrer den Schülern eine Fotokopie des Zeitungsartikels (M 2.6) austeilt und ihn gemeinsam mit ihnen durcharbeitet.

Da der Vulkanpark sehr gut an das Autobahnnetz angeschlossen ist (A 61 Köln–Ludwigshafen; A 48 Trier–Dernbacher Dreieck und weiter über die A 3 in den Raum Frankfurt), empfiehlt es sich (bei nicht zu großer Entfernung der Schule), eine Fahrt dorthin zu unternehmen. Die Fahrtzeit beträgt von Köln ca. 1 Stunde, vom Ruhrgebiet und dem Frankfurter Raum ca. 1,5 Stunden.

4. Verlaufsplanung (ca. 4–5 Stunden)

Kurzerläuterungen	Materialien
• Einstieg, Motivation. Planungen und Aufgaben, die von den Kreisen durchzuführen sind	Tafelanschrieb
• Planungen des Landkreises Mayen-Koblenz zur Einrichtung eines Vulkanparks	
• Der Vulkanismus im nördlichen Teil des Landkreises Mayen-Koblenz	M 2.1
• Das Gesamtkonzept des Vulkanparks	M 2.2
• Das Projekt „Informationszentrum Rauschermühle"	M 2.3
• Das Projekt „Rauscherpark"	M 2.4
• Das Projekt „Mayener Grubenfeld"	M 2.5
• Das Projekt „Vulkanmuseum in Mendig"	M 2.6
• Das Projekt „Wingertsbergwand"	M 2.7
• Das Projekt „Trassgrube Meurin"	M 2.8
Additum: • Besichtigung einzelner Projekte des Vulkanparks	

D   Unterrichtsvorschläge

D.3 Regionalplanung und Braunkohlenabbau (mit Beispielen aus Sachsen und Brandenburg)

Vorbemerkung zur Unterrichtseinheit D.3
Die Regionalplanung liegt zwischen den Planungen der Gemeinden und Kreise einerseits und den Planungen der Bundesländer andererseits. Zur Regionalplanung gehört in den Bundesländern mit Braunkohlenlagerstätten, d. h. in Sachsen, Brandenburg, Sachsen-Anhalt und Nordrhein-Westfalen, auch die so genannte 'Braunkohlenplanung'. Die mit dem Braunkohlenabbau zusammen hängenden Planungen werden im Folgenden kurz als 'Braunkohlenplanungen' bezeichnet, u. a. weil dieses Stichwort bereits in Veröffentlichungen eingegangen ist. Obwohl beide Planungsbereiche (die Regionalplanung und die Braunkohlenplanung) sehr umfangreich sind, sollen sie nicht in zwei gesonderten Kapiteln behandelt werden, sondern in einem einzigen: Regionalplanung und Braunkohlenplanung sind sehr eng miteinander verbunden, und bei der Behandlung in einem einzigen Kapitel können die Verflechtungen zwischen den einzelnen Planungen besonders gut aufgezeigt werden. Andererseits hat die Behandlung der beiden Planungsbereiche in einem einzigen Kapitel zur Folge, dass dieses etwa zwei- bis dreimal so umfangreich ist wie die übrigen. Daher sind ca. 10 Unterrichtsstunden vorzusehen.

1. Lernziele

Die Schüler sollen
- die Brückenfunktion der Regionalplanung zwischen der Bauleitplanung und der Landesplanung kennen lernen;
- erfahren, mit welchen Sachbereichen sich die Regionalplanung befasst;
- die Organisation der Regionalplanung kennen lernen;
- erfahren, dass die Braunkohlenplanung einen Teil der Regionalplanung darstellt;
- grobe Kenntnisse zur Entstehung der Braunkohle erhalten;
- die Inhalte der Braunkohlenpläne kennen lernen;
- Kenntnisse über den Verlauf der Verabschiedung eines Braunkohlenplanes erlangen;
- die modernen Verfahren zum großflächigen Abbau der Braunkohle kennen lernen;
- den Umsiedlungsplan als Teilplan des Braunkohlenplans kennen lernen;
- die Problematik nachvollziehen können, die sich bei Umsiedlungsplanungen ergibt;
- die Bedeutung der Braunkohlenplanung für die Normalisierung des Wasserhaushalts kennen lernen;
- Kenntnisse über die Bedeutung der Braunkohlenplanung für die Rekultivierung der Bergbaulandschaften erhalten.

2. Sachanalyse

2.1. Regionalplanung

Regionalplanung ist die auf den Teilraum eines Bundeslandes bezogene Planung. Ihre Aufgabe ist die zusammenfassende, überörtliche und überfachliche Planung für die Entwicklung einer Region auf längere Sicht. Dafür hat sie
- die vorgegebenen Grundsätze und Ziele der Raumordnung und Landesplanung des Bundes und des betreffenden Bundeslandes für eine bestimmte Region auszuformen und zu konkretisieren und
- die für die Region spezifischen Entwicklungsprobleme aufzuarbeiten und daraus unter Einbeziehung kommunaler Planungen entsprechende Zielvorstellungen abzuleiten.

Die Träger der Regionalplanung haben eine wichtige Mittlerfunktion zwischen den Raumordnungsbehörden auf der Bundes- und Landesebene einerseits und den Gemeinden und Landkreisen anderseits. Diese Mittlerfunktion ist erforderlich, da die Ziele in den Plänen und Programmen, die für ein ganzes Bundesland gelten, oft ziemlich allgemein und abstrakt gefasst sind. Die oft allgemein formulierten Ziele werden in den Regionalplänen konkretisiert und damit auch gegenüber den Bauleitplänen verbindlich. Infolge einer umfassenden Beteiligung der Gemeinden, Städte und sonstigen Planungsträger an der Erstellung der Regionalpläne besteht die große Chance, weite Kreise der Gesellschaft an der Lösung konkreter Umwelt- und Entwicklungsprobleme mitwirken zu lassen (*Handwörterbuch der Raumordnung*, S. 824). Regionalplanung gibt es flächendeckend für das Gebiet der Bundesrepublik Deutschland seit dem Erlass des Bundesraumordnungsgesetzes im Jahre 1965. Nach der deutschen Vereinigung (1990) wurde auch in allen neuen Bundesländern die Regionalplanung eingerichtet. Daher gibt es gegenwärtig im Bundesgebiet 110 Regionen, in denen Regionalplanung vorgenommen wird.

• *Der Begriff 'Region'*
Im allgemeinen Sprachgebrauch wird der Begriff 'Region' für Räume von z. T. sehr unterschiedlicher Dimension verwendet. Bei der Regionalplanung geht es um jenen Raum, für den Regionalpläne zu erstellen sind, also um die Planungsregion. Die Bundesländer haben die Kompetenz, die Planungsregionen selbst festzulegen. Dies führt zwangsläufig zu z. T. erheblichen Unterschieden in Größe, Zuschnitt und Abgrenzung der Planungsregionen. Von den 110 deutschen Planungsregionen haben 62 bis zu 500.000 Einwohner, 30 von 500.001 bis 1.000.000 Einwohner, 11 von 1.000.001 bis 2.000.000 Einwohner, 3 von 2.000.001 bis 3.000.000 Einwohner und 4 über 3.000.000 Einwohner. Der Bund hat nicht die Möglichkeit, die Länder zu einer größeren Einheitlichkeit bei der Festlegung der Planungsregionen zu verpflichten, da er bezüglich der Raumordnung nur Rahmengesetzgebungskompetenz (vgl. Art. 75 GG) besitzt.

• *Der Regionalplan*
Im Mittelpunkt der Regionalplanung steht der Regionalplan, der in einzelnen Bundesländern auch die Bezeichnung „Regionaler Raumordnungsplan", „Regionales Raumordnungsprogramm" oder „Gebietsentwicklungsplan" hat. Im allgemeinen lassen sich folgende Arbeitsstufen in der Regionalplanung unterscheiden:

Tafelanschrieb 1: Arbeitsstufen in der Regionalplanung

1. Analyse der Struktur der Region
2. Erarbeitung von Konzepten für einen Regionalplan (einschließlich Alternativen)
3. Abstimmung des Planentwurfs mit allen Beteiligten mit dem Ziel, zu einem Ausgleich der Meinungen zu kommen
4. Der Träger der Regionalplanung beantragt, dass der Regionalplan rechtsverbindlich wird
5. Genehmigung bzw. Verbindlichkeitserklärung durch die oberste Landesplanungsbehörde
6. Der Regionalplan wird umgesetzt, d. h. die dort enthaltenen Ziele und Maßnahmen werden durchgesetzt
7. Raumbeobachtung und Erfolgskontrolle
8. Fortschreibung des Regionalplans, d. h. Anpassung an neue Situationen oder Aufstellung eines neuen Regionalplans

D — Unterrichtsvorschläge

Die Regionalpläne enthalten die Zielsetzungen (Grundsätze, Ziele und Vorschläge) für die Entwicklung der Planungsregion. Sie bestehen aus einem Textteil und aus Karten. Die Zielsetzungen müssen sich an den Vorgaben der Bundesraumordnung und der Landesplanung orientieren. Da die Regionen, auf die sich die Regionalpläne beziehen, oft sehr verschieden sind, lassen sich manchmal auch die Regionalpläne nur schwer miteinander vergleichen. Dennoch gibt es Sachbereiche, die in allen Regionalplänen behandelt werden. Dazu gehört das System der zentralen Orte (Oberzentren, Mittelzentren und Grundzentren; vgl. zu diesen Begriffen Unterrichtseinheit D.4) und ihrer Einzugs- und Verflechtungsbereiche, die Anbindung an das großräumige Verkehrsnetz sowie die innerregionale Erschließung, die Vorrang- und Vorbehaltsbereiche für Freiraumfunktionen (z. B. Biotopschutz, Wassergewinnung, Hochwasserschutz), die Abfallentsorgung, die Gewinnung von Rohstoffen, die Naherholung, die Standorte für Güterverkehrszentren, Produktions- und Dienstleistungsbetriebe sowie die Vorrangbereiche für die Land- und Forstwirtschaft.

Die Adressaten der Regionalplanung sind zum einen die Institutionen, die den verbindlichen Regionalplan bei ihren Planungen und Maßnahmen zu beachten oder umzusetzen haben, also z. B. die Gemeinden, Landkreise und Fachbehörden. Der Regionalplan dient aber auch z. B. Investoren und allen Bürgern der betreffenden Region zur Orientierung über die angestrebte raum- und siedlungsstrukturelle Entwicklung der Region (ohne dass er diesen gegenüber Rechtswirkungen besitzt).

- *Die Organisation der Regionalplanung*

Das Raumordnungsrecht des Bundes besagt nichts darüber, wie die Regionalplanung zu organisieren ist. Insbesondere enthält es keine Aussage dazu, ob die Organisation staatlich oder kommunal sein soll. Daher blieb es den Ländern überlassen, die Organisationsform der Regionalplanung den unterschiedlichen Verwaltungsstrukturen entsprechend und unter Berücksichtigung von landestypischen Besonderheiten auszugestalten (*Handwörterbuch der Raumordnung*, S. 828). Schleswig-Holstein hat sich für den Extremfall entschieden, dass die Regionalplanung von einem Minister wahrgenommen wird (also von einer obersten Landesbehörde). Niedersachsen hat den anderen Extremfall gewählt, nämlich die Übertragung der Regionalplanung auf die Landkreise (mit Ausnahme der Großräume Hannover und Braunschweig). In den übrigen Bundesländern ist die Regionalplanung an eine Mittelinstanz angebunden. Besonders in Süddeutschland sind für die Regionalplanung Planungsverbände oder -gemeinschaften zuständig, denen u. a. die in der Region liegenden Gemeinden und Städte angehören. Diese Organisationsform haben auch die meisten neuen Bundesländer für die Regionalplanung gewählt.

An den Grenzen von Planungsräumen ist immer eine Abstimmung erforderlich, sei es an den Grenzen von Gemeinden, von Regionen, von Bundesländern oder des Bundesgebietes. Für die Regionalplanung seien für eine solche Abstimmung im Folgenden einige Beispiele aufgezeigt.

Die Arbeitsgemeinschaft Mittlerer Oberrhein–Südpfalz hat die Aufgabe, die regionalplanerischen Maßnahmen im Verdichtungsraum Karlsruhe aufeinander abzustimmen und darüber hinaus auch mit dem Nordelsass zusammenzuarbeiten. Der Raumordnungsverband Rhein-Neckar, dem der Regionalverband Unterer Neckar (Baden-Württemberg), die Planungsgemeinschaft Rheinpfalz (Rheinland-Pfalz) und der Kreis Bergstraße (Hessen) angehören, soll für den Verdichtungsraum Rhein-Neckar mit den Oberzentren Mannheim, Ludwigshafen und Heidelberg einen grenzüberschreitenden Raumordnungsplan aufstellen und für die Umsetzung dieses Planes sorgen.

Der Regionalverband Donau-Iller hat in einer Region, bestehend aus bayerischen und baden-württembergischen Stadt- und Landkreisen um Ulm (Baden-Württemberg) und Neu-Ulm (Bayern) herum, einen einheitlichen Regionalplan aufzustellen.

2.2. Braunkohlenplanung als Teilbereich der Regionalplanung

In den Bundesländern Brandenburg, Sachsen, Sachsen-Anhalt und Nordrhein-Westfalen besteht die Besonderheit, dass dort große Braunkohlenlager vorhanden sind, die im Tagebau abgebaut werden bzw. wurden. Dies führt zu außergewöhnlich großflächigen und schwerwiegenden Eingriffen in die Landschaft. Daher gibt es in diesen Bundesländern auch eine spezielle Braunkohlenplanung; sie ist nach dem Wortlaut der Ländergesetze ausdrücklich ein Bestandteil der Regionalplanung.

In Nordrhein-Westfalen bildete die Braunkohlenplanung ein seit Jahrzehnten erprobtes und vor allem für die Tagebaue Hambach und Inden erfolgreich durchgeführtes und von den meisten Betroffenen auch akzeptiertes regionalplanerisches Instrumentarium. Das nordrhein-westfälische Landesplanungsgesetz enthält in dem Abschnitt „Sondervorschriften für das Rheinische Braunkohlengebiet" sehr umfangreiche Regelungen für die Aufstellung von Braunkohlenplänen, den Abbau der Braunkohle und Rekultivierungsmaßnahmen.

In der früheren DDR waren die Büros für Territorialplanung bei den Bezirksplanungskommissionen die Fachorgane für die Braunkohlenplanung. Dies erfolgte im Wesentlichen auf der Grundlage von Investionsgesetzen, dem Landeskulturgesetz, dem Berggesetz und Fachplanungsgesetzen (*Braunkohlenplanung ...*, S. 17). Es fehlte jedoch ein planungsspezifisches rechtliches Instrumentarium, wie es beispielsweise in Nordrhein-Westfalen vorhanden war. Parteibeschlüsse oder auf Bezirkstagen verabschiedete Regelungen besaßen de facto Gesetzeskraft. Auf Entscheidungstransparenz und die Beteiligung der Betroffenen an den Entscheidungen wurde kaum Wert gelegt. Dies änderte sich für die Braunkohlengebiete der ehemaligen DDR aber grundlegend seit der Wiedervereinigung.

Die neue Braunkohlenplanung als Teil der Regionalplanung soll im Folgenden am Beispiel von Lagerstätten in Sachsen (Braunkohlenplangebiet Oberlausitz-Niederschlesien) und Brandenburg aufgezeigt werden (M 3.1).

- *Zur Entstehung der Braunkohle-Lagerstätten*

Vor der Besprechung der neuen Braunkohlenplanung ist es erforderlich, auf die Entstehung dieser Lagerstätten und die Entwicklung des Abbaus bis zur Wiedervereinigung (1990) einzugehen. Das Gebiet der Lausitz wurde durch das Inlandeis und die Schmelzwässer des Quartärs geformt. Unter der Decke der glazialen Ablagerung verbirgt sich eine 150–200 m mächtige Sedimentfolge des Tertiärs. Sie besteht aus Feinsanden, Schluffen, Tonen und Braunkohlenflözen (M 3.2). Insgesamt sind mehrere Braunkohlen-Flözhorizonte vorhanden. Heute kommt der Braunkohle des zweiten Lausitzer Flözhorizontes (Lausitzer Unterflöz), die im Tagebau gewonnen wird, besondere Bedeutung zu.

Die Ablagerungen des Quartärs schwanken in ihrer Mächtigkeit zwischen 10 und mehr als 150 Metern. In tiefen Rinnenstrukturen am Rande des Kohlereviers bei Lübben, Burg (Spreewald), Cottbus, Peits und Guben reichen sie sogar bis zum prätertiären Felsuntergrund hinab. Das quartäre Schichtpaket besteht aus Geschiebemergel, Schmelzwassersanden und -kiesen sowie Schluffen, Tonen, Kalken und Torfen. In den Tagebauen der Lausitz hat diese Schichtenfolge einen beachtlichen Anteil an der zu beseitigenden Abraumdecke und ist Ursache für geotechnische und technologische Probleme. Von sehr großer Bedeutung sind die sandig-kiesigen Quartärablagerungen als Grundwasserleiter für die Wasserversorgung von Bevölkerung, Industrie und Landwirtschaft. Insgesamt wurde das Niederlausitzer Braunkohlenrevier von sechs Vorstößen des Inlandeises erreicht (Elster I, Elster II, Saale I, Saale II, Saale III und Weichsel I).

• *Zur Entwicklung des Braunkohlenabbaus*
Erste urkundliche Nachweise für den Braunkohlenabbau in Ostdeutschland sind aus dem Jahr 1382 vorhanden (*Braunkohlenplanung ...*, S. 47). Bis in die erste Hälfte des 19. Jahrhunderts erfolgte der Abbau in Kleingruben, so dass Umweltbeeinträchtigungen relativ gering ausfielen. Ab der Mitte des 19. Jahrhunderts kam es hauptsächlich infolge des Einsatzes der Dampfkraft zu einer Expansion der Abbautätigkeit: Braunkohle wurde als Brennmaterial verwendet und z. B. in den ersten Industriebetrieben (Ziegeleien, Zuckerfabriken) eingesetzt. Mit der Entwicklung neuer Veredlungsverfahren (Brikettierung, Verschwelung, Hydrierung, Verstromung) stieg die Nachfrage weiter an. Um 1890 entstanden im Gebiet Oberlausitz–Niederschlesien die ersten Tagebaubetriebe, in denen die Braunkohle großflächig gewonnen werden konnte. 1900 gründete der Industrielle Friedländer die Braunkohlen- und Brikettindustrie-AG (Bubiag).
In der Zeit des Dritten Reichs wurde bei Schwarzheide im Senftenberger Revier ein Großbetrieb zur Produktion von synthetischen Treibstoffen und Schmiermitteln auf Braunkohlenbasis eingerichtet.
Vor allem aber nach dem Zweiten Weltkrieg begann der rasante wirtschaftliche Aufstieg der Region Oberlausitz-Niederschlesien zur führenden Energiebasis der DDR.

Der damalige Bezirk Cottbus wurde zum Kohle- und Energiezentrum der rohstoffarmen DDR bestimmt. Hier lagerten etwa 13 Mrd. Tonnen gewinnbarer Braunkohle; das waren seinerzeit etwa 75% der Vorräte an Kokskohle der DDR, 50% der Brikettierkohle und 30% der Kesselkohle der DDR. Während die Kesselkohle wegen ihres hohen Aschegehaltes nur zur Verfeuerung geeignet ist (dafür wurden vier Großkraftwerke gebaut), veranlassten vor allem die Vorräte an Kokskohle (geringer Aschegehalt, geeignet für die Verkokung bei hohen Temperaturen) die Regierung, die Veredlung der Kohle zu forcieren. Dadurch sollten die Grundlagen für die metallurgische und chemische Industrie der DDR entwickelt werden.
Der Raum Cottbus erfuhr gewaltige Investitionen. Mitte der 1950er Jahre begann man damit, gemäß einem neuen Verfahren aus Braunkohle Hochtemperaturkoks für die Schwerindustrie der DDR zu produzieren. 1955–1968 entstand bei Spremberg das Gaskombinat „Schwarze Pumpe". Es war mit 3 Kraftwerken, 4 Brikettfabriken, einem Druckgaswerk, einer Kokerei sowie zahlreichen Nebenanlagen der größte Industriekomplex Europas auf der Basis von Braunkohle. Er wurde aus den Tagebauen Spreetal, Burghammer und Welzow-Süd mit täglich etwa 175.000 t Rohbraunkohle beliefert. 18.000 Menschen fanden hier Arbeit. In den 1980er Jahren sah die Leistungsbilanz des Kombinats, bezogen auf die Gesamtproduktion der DDR, wie folgt aus: 87 % des Stadtgases, 100 % des BHT-Kokses, 85 % des Steinkohlekokses (aus Steinkohle, die aus Polen angeliefert wurde), 45 % der Braunkohlebriketts und 11 % des Stromes der gesamten DDR.
Diese Zahlen machen die Selbsteinschätzung der damals hier Beschäftigten verständlich: „Wir hatten immer das Gefühl, ohne uns geht nichts, dreht sich kein Rad, brennt kein Licht, hat niemand eine warme Stube. Ja doch, wir waren wer" (LAUBAG 1998).

Mit der Wiedervereinigung und den damit verbundenen politischen und wirtschaftlichen Umwälzungen 1989/90 im Osten Deutschlands änderten sich die Rahmenbedingungen für den Braunkohlenabbau und die Braunkohlenindustrie im Revier Oberlausitz-Niederschlesien dramatisch. In den Folgejahren kam es zur Stilllegung zahlreicher Anlagen und zur Entlassung von mehreren 10.000 Personen (M 3.3). Gleichzeitig erfolgte eine Anpassung der Betriebe, die weitergeführt werden sollten, an die neuen, modernen Technologien. Außerdem fand die Umstrukturierung mancher Unternehmen statt (M 3.4).

• *Die Neuregelung der Braunkohlen- und Regionalplanung in Sachsen seit 1990*
Mit der Wiedervereinigung wurde auch die Notwendigkeit erkannt, die Braunkohlenplanung rechtlich völlig neu zu regeln. Dabei orientierte man sich stark am nordrhein-westfälischen Vorbild. Zunächst ist in Sachsen 1992 ein neues Landesplanungsgesetz erlassen worden (Gesetz zur Raumordnung und Landesplanung des Freistaates Sachsen; SächsLPlG). Es sieht vor, dass die Regionalplanung in Sachsen von mehreren Planungsverbänden übernommen wird. Der das östliche sächsische Braunkohlengebiet umfassende Planungsverband ist der „Regionale Planungsverband Oberlausitz-Niederschlesien". Die Planungsregion Oberlausitz-Niederschlesien umfasst eine Fläche von 4.524 km^2 mit ca. 720.000 Einwohnern. Sie besteht aus den Landkreisen Bautzen, Löbau-Zittau, Kamenz und dem Niederschlesischen Oberlausitzkreis sowie den kreisfreien Städten Görlitz und Hoyerswerda (M 3.5).

Hauptorgan und Beschlussgremium des Planungsverbandes ist die Verbandsversammlung, in der alle Landräte und Oberbürgermeister der kreisfreien Städte so genannte geborene Mitglieder sind. Darüber hinaus entsenden die Mitgliedskörperschaften für je 50.000 Einwohner einen weiteren Verbandsrat, so dass der „Regionale Planungsverband Oberlausitz–Niederschlesien" aus 26 stimmberechtigten Mitgliedern besteht.

Das sächsische Landesplanungsgesetz bestimmt ausdrücklich, dass die Aufstellung von Braunkohlenplänen ein Bestandteil der Regionalplanung ist. Gemäß § 8 Abs. 1 SächsLPlG sind die Regionalen Planungsverbände verpflichtet, für jeden Tagebau in ihrem Zuständigkeitsbereich einen Braunkohlenplan aufzustellen. Für stillgelegte oder stillzulegende Tagebaue ist der Plan als Sanierungsrahmenplan vorzulegen. Braunkohlenpläne als Teile des Regionalplans enthalten gemäß § 8 Abs.2 SächsLPlG sowohl textliche als auch zeichnerische Angaben und Festlegungen zum vorgesehenen Abbau sowie zu Grundzügen der Wiedernutzbarmachung. Insbesondere muss der Braunkohlenplan enthalten:

Tafelanschrieb 2: Angaben, die Braunkohlenpläne als Teile der Regionalpläne enthalten müssen

– Zielsetzungen
– Abbaugrenzen und Sicherheitslinien
– Grenzen der Grundwasserbeeinflussung
– Haldenflächen und deren Sicherheitslinien
– sachliche, räumliche und zeitliche Vorgaben
– Grundzüge der Oberflächengestaltung und Wiedernutzbarmachung
– die anzustrebende Landschaftsentwicklung im Rahmen der Rekultivierung
– Angaben zum Wiederaufbau von Siedlungen
– Angaben zu Änderungen an Verkehrswegen, Vorflutern, Bahnen und Leitungen

| D | Unterrichtsvorschläge | D |

Die Braunkohlenpläne müssen mit folgenden Karten bzw. Abbildungen ausgestattet sein:

Tafelanschrieb 3: Karten, die Braunkohlenpläne als Teile der Regionalpläne enthalten müssen

- Geologische Übersichtskarte und Profilschnitte für in Betrieb befindliche Tagebaubereiche
- Übersichtskarte mit dem Sanierungsgebiet sowie den Gemeindegrenzen
- Karte zum Landschaftszustand vor dem Bergbau
- Zielkarte mit den vorgesehenen Sanierungsgebiets- und Betriebsplangrenzen
- Karte mit dem derzeitigen Landschaftszustand
- Karte zu den wasserwirtschaftlichen Verhältnissen im Abbaurevier
- Zielkarte mit den Maßnahmen zur Gestaltung der Bergbaufolgelandschaft im Endzustand

Die Zielkarten sind in den Maßstäben 1 : 25.000 oder 1 : 50.000 zu erstellen, die Übersichtskarten in den Maßstäben 1 : 100.000 oder 1 : 200.000.

- *Verfahren zur Verabschiedung eines Braunkohlenplans als Teil des Regionalplans*

Ein Braunkohlenplanverfahren beginnt förmlich damit, dass die Verbandsversammlung den Aufstellungsbeschluss fasst (M 3.6). Die Erarbeitung der Grundlagen für Braunkohlenpläne erfolgt unter Einbeziehung von Raumordnungs- und Fachbehörden, betroffenen Gemeinden und Bergbautreibenden. Diese Phase endet mit der Vorlage des Rohentwurfs des Braunkohlenplans im Braunkohlenausschuss bzw. in der Verbandsversammlung (*Braunkohlenplanung ...*, S. 33).

Wenn der Braunkohlenausschuss bzw. die Verbandsversammlung den Rohentwurf genehmigt hat, erfolgt eine umfassende Aufstellungsbeteiligung gemäß § 7 Abs. 3 SächsLPlG. Dabei werden alle maßgeblichen Beteiligten zur Stellungnahme innerhalb von drei Monaten aufgefordert. Alle eingehenden Bedenken und Anregungen werden einer regionalplanerischen Abwägung unterzogen und entweder bei der fachlichen Überarbeitung des Braunkohlenplans berücksichtigt oder in die Abwägung im Rahmen des nachfolgenden Beteiligungs- und Anhörungsverfahrens gestellt. Ergebnis der Aufstellungsbeteiligung ist die Vorlage des *Beteiligungsentwurfs*.

Nach erfolgter Erörterung des Beteiligungsentwurfs ist der weitere Verfahrensablauf in § 8 Abs. 5 SächsLPlG wie folgt geregelt: Der Planentwurf sowie die ihm zugrunde liegenden Angaben werden in den Gemeinden, in denen sich das Vorhaben voraussichtlich auswirkt, über einen Monat zur Einsicht ausgelegt. Jedermann kann sich bis zwei Wochen nach Ablauf der Auslegungsfrist bei den Gemeinden zum Vorhaben äußern. Die Gemeinden leiten die eingegangenen Hinweise an den Braunkohlenausschuss weiter.

Parallel dazu erfolgt eine Weiterleitung des Planentwurfs an alle Beteiligten gemäß § 7 Abs. 4 SächsLPlG, d. h. an Gemeinden, deren Zusammenschlüsse, Landkreise, die oberste Raumordnungs- und Landesplanungsbehörde, die nach § 29 Bundesnaturschutzgesetz anerkannten Verbände sowie die angrenzenden Bundesländer. Sie können innerhalb einer Frist von drei Monaten Anregungen und Bedenken einbringen

Die vorgebrachten Anregungen und Bedenken werden durch die Regionale Planungsbehörde zusammengestellt und jeweils durch einen fachlichen Ausgleichsvorschlag ergänzt. Auf dieser Grundlage führt der Braunkohlenausschuss eine Erörterungsverhandlung im Sinne von § 73 Abs. 6 und 7 des Verwaltungsverfahrensgesetzes durch, wobei ein Ausgleich der Meinungen anzustreben ist. Über das Ergebnis der Erörterung berichtet der Braunkohlenausschuss der Verbandsversammlung (*Braunkohlenplanung ...*, S. 37).

Die Verbandsversammlung entscheidet über Bedenken und Anregungen, zu denen ein Ausgleich der Meinungen im Zuge der Erörterung nicht erreicht werden konnte. Sie beschließt den durch die Regionale Planungsstelle auf der Grundlage der Erörterungsergebnisse fachlich überarbeiteten Braunkohlenplan in der Rechtsform der Satzung und übergibt ihn der obersten Raumordnungs- und Landesplanungsbehörde zur Genehmigung. Diese erklärt den Braunkohlenplan im Einvernehmen mit den beteiligten Staatsministerien gemäß § 9 Abs. 1 SächsLPlG für verbindlich, sofern er sonstigen Rechtsvorschriften nicht widerspricht und sich in die angestrebte Entwicklung des Landes entsprechend dem Landesentwicklungsplan und den staatlichen Entwicklungszielen einfügt.

Der Regionale Planungsverband veranlasst gemäß § 9 Abs. 2 SächsLPlG schließlich die Bekanntmachung seiner Satzung im Sächsischen Amtsblatt. Außerdem wird der Kartenteil zusammen mit den bereits genannten Unterlagen für einen Monat in der Regionalen Planungsbehörde sowie bei den betroffenen Landratsämtern und kreisfreien Städten zur Kenntnisnahme für jedermann ausgelegt. Die Verbindlichkeit des Braunkohlenplanes (Text- und Kartenteil) tritt mit Ablauf der Auslegungsfrist ein.

- *Der derzeitige Braunkohlenabbau in der Planungsregion Oberlausitz-Niederschlesien und in Brandenburg*

Seit der Wiedervereinigung und der damit einhergehenden Privatisierung im Braunkohlentagebau liegt die Förderung der Rohbraunkohle im Revier Oberlausitz-Niederschlesien heute hauptsächlich in den Händen der „Lausitzer Braunkohle Aktiengesellschaft" (LAUBAG). Die Fördermengen an Braunkohle und die Abraumbewegungen sind für die einzelnen Tagebaubetriebe nachfolgend in Tab. D 3.1 und D 3.2 dargestellt.

Tab. D 3.1: Braunkohlenförderung nach Tagebauen

Tagebau	Kohlenförderung in Mio. t		Entwicklung 1998/99 zu 1997/98	
	1998/99	1997/98	Mio. t	%
Jänschwalde	14,8	13,8	+ 1,0	+ 7,2
Cottbus-Nord	5,9	6,0	– 0,1	– 7,1
Welzow-Süd	13,2	14,4	– 1,2	– 8,3
Nochten	8,4	10,2	– 1,8	– 17,8
Reichwalde	2,3	3,5	– 1,2	– 34,3
Summe LAUBAG	44,6	47,9	– 1,3	– 6,9

Quelle: LAUBAG

Unterrichtsvorschläge

Tab. D 3.2: Abraumbewegungen nach Tagebauen

Tagebau	Abraumbewegung in Mio. m³		Entwicklung 1998/99 zu 1997/98	
	1998/99	1997/98	Mio. m³	%
Jänschwalde	77,4	82,1	− 4,7	− 5,7
Cottbus-Nord	25,4	27,0	− 1,6	− 5,9
Welzow-Süd	91,0	99,9	− 8,9	− 8,9
Nochten	94,2	84,0	+ 10,2	+ 12,1
Reichwalde	5,8	18,1	− 12,3	− 68,0
Summe LAUBAG	293,8	311,1	− 17,3	− 5,6

Quelle: LAUBAG

Die abgebaute Braunkohle wird zum einen als Brennstoff in Kraftwerken zur Stromherstellung und zum anderen zur Veredlung zu hochwertigen Brennstoffen, wie z. B. Braunkohlenbriketts, verwendet. Da die Braunkohlenflöze in der Lausitz sowie ihre Deckschichten relativ günstig liegen (die Flöze befinden sich meist in einer Tiefe zwischen ca. 40 und 100 m und haben eine Mächtigkeit von ca. 8 bis 14 m), wurde bereits 1924 eine besondere Fördertechnik entwickelt, die bis heute im Einsatz ist: Förderbrücken gewinnen, transportieren und verkippen den Abraum in einem einzigen Gerätekomplex (M 3.7).
Dies bedeutet eine Verkürzung der Transportwege und eine Reduzierung der Betriebskosten. Heute wird in der Lausitz mit dem Förderbrückentyp F 60 in allen Tagebauen gearbeitet; er ist mit einer Gesamtlänge von 600 m eine der größten technischen Anlagen der Welt. Mit drei angeschlossenen Eimerkettenbaggern kann er bis 130 Mio. m³ pro Jahr bewegen

2.3 Aufgaben der Braunkohlen- und Regionalplanung bei Umsiedlungen

Da sich der Braunkohlentagebau über sehr große Flächen erstreckt, müssen häufig auch Siedlungen abgetragen und die dort lebenden Menschen umgesiedelt werden. Der hierfür zu erstellende *Umsiedlungsplan* ist ein Bestandteil des Braunkohlenplanes.
In der Lausitz werden seit etwa 80 Jahren Umsiedlungen vorgenommen. 1922 wurde erstmals ein Ort mit 40 Einwohnern in Folge der Erweiterung eines Tagebaus umgesiedelt (*Braunkohlenplanung ...*, S. 49). Die erste Umsiedlung eines ganzen Ortes erfolgte 1924 durch die Verlagerung von Neu-Laubusch infolge des Tagebaus Marga. Bis ca. 1950 fanden Umsiedlungen jedoch relativ selten statt. In der ehemaligen DDR wurden Umsiedlungen bereits in deutlich größerem Umfang als im Westen durchgeführt, allerdings unter anderen gesellschaftspolitischen und planungsrechtlichen Bedingungen.

Die rohstoff- und devisenarme DDR stellte sich nach der Abschottung vom Westen ganz auf den heimischen Rohstoff Braunkohle ein. Daher wurden die Reviere als „Schutzgebiete" zur bergbaulichen Vorrangnutzung ausgewiesen, und zwar schon über längere Vorlaufzeiten hinweg. Für solche Gebiete galten Restriktionen für die Bautätigkeit; dadurch litten die betroffenen Siedlungen unter langsamem Verfall und der Abwanderung größerer Bevölkerungsteile. Umsiedler wurden mehr oder weniger ungefragt in städtische Wohnkomplexe eingewiesen, die nahe ihren Arbeitsplätzen lagen.

Dennoch war die Akzeptanz der Menschen gegenüber Umsiedlungen lange Zeit relativ groß. Viele hatten im Bergbau und in seinen Folgeindustrien einen Arbeitsplatz, und in den politischen Losungen wurde die Bedeutung dieses Wirtschaftszweiges immer wieder ins Bewusstsein der Menschen gebracht. Erst mit den wachsenden Umweltproblemen und der ständig sinkenden Wohn- und Lebensqualität in den Braunkohlerevieren änderte sich die Situation. Seit Mitte der 1980er Jahre wehrten sich immer mehr Menschen gegen die Ansiedlung in städtischen Wohnhäusern in der Plattenbauweise.

Nach der Wiedervereinigung wurden in der Lausitz angesichts des drastischen Rückgangs des Braunkohlenabbaus in den neuen Bundesländern bergbaubedingte Ortsverlagerungen nur noch in wenigen Fällen erforderlich (vgl. zur Anzahl der Umsiedlungen M 3.8). Das Verfahren der Umsiedlung ist in Brandenburg im Braunkohlengrundlagengesetz (BbgBkGG) geregelt. § 2 BbgBkGG geht von der Tatsache aus, dass es im Land Brandenburg keine wirtschaftlich gewinnbare Braunkohlenlagerstätte gibt, die frei von Bebauung ist. Dabei gilt, dass grundsätzlich Umsiedlungen zu vermeiden sind und dennoch ein wirtschaftlich sinnvoller und sicherer Tagebau möglich ist. Daher muss im Rahmen der Braunkohlenplanung die Auseinandersetzung mit der Umsiedlungsproblematik erfolgen. Insbesondere ist die Unvermeidbarkeit der Umsiedlung nachzuweisen. In einem umfassenden Abwägungsprozess sind die struktur-, arbeitsmarkt- und energiepolitischen Belange, die wesentlichen Auswirkungen auf die Siedlung und ihre Bewohner, die Angebote für eine sozialverträgliche Gestaltung der Umsiedlung, die Lagerstättenverhältnisse, die technischen Möglichkeiten der Tagebauführung und die Belange des Denkmalschutzes in die Abwägung einzubeziehen (*Braunkohlenplanung ...*, S. 81).

Aufgabe der Braunkohlenplanung ist es, den Nachweis der Unvermeidbarkeit der Umsiedlung zu erbringen. Im Brandenburgischen Landesplanungsgesetz von 1995 wird in § 4 Ziffer 14 der Nachweis der Unvermeidbarkeit einer Umsiedlung ausdrücklich als Ziel der Raumordnung und Landesplanung deklariert.
Der Nachweis der Unvermeidbarkeit der Umsiedlung eines Ortes ist die Voraussetzung dafür, dass der Braunkohlenausschuss einen Aufstellungsbeschluss fassen darf. Daraufhin muss der Braunkohlenausschuss über das „Wie" der Umsiedlung beraten, und dieser „Umsiedlungsplan" ist Teil des Braunkohlenplans.

• *Fallbeispiel Geisendorf (Tagebau Welzen-Süd)*
Geisendorf ist ein Ortsteil von Neupetershain im Landkreis Oberspreewald-Lausitz (Land Brandenburg). In den ca. 20 Häusern lebten Ende des 20. Jahrhunderts etwa 50 Menschen. Bereits zu DDR-Zeiten lag der Ort in einem Bergbauschutzgebiet (*Braunkohlenplanung ...*, S. 114). Besonderes Kennzeichen dieses mehr als 500 Jahre alten Dorfes war das denkmalgeschützte Schloss mit seinen Wirtschaftsgebäuden, Gartenanlagen und der wahrscheinlich ältesten Esskastanienallee Mitteldeutschlands. Nach der Wende wurde es umfangreich restauriert und entwickelte sich zu einem kulturellen Zentrum mit überregionaler Ausstrahlung.
Im Rahmen der Erarbeitung des Braunkohlenplanes zum Tagebau Welzow-Süd im Jahre 1993 unterbreitete die LAUBAG den Vorschlag, das denkmalgeschützte Schloss Geisendorf aus dem Abbaubereich des Tagebaus herauszulassen. Die Erhaltung des Schlosses sollte durch einen zusätzlichen ingenieurtechnischen Verbau und durch die Änderung der Trasse der Bandanlage erreicht werden.

D Unterrichtsvorschläge

An der erforderlichen Umsiedlung der Bewohner von Geisendorf sollte sich jedoch nichts ändern.
Diese Situation wollte der Braunkohlenausschuss nicht hinnehmen und forderte die LAUBAG auf zu untersuchen, ob nicht durch eine Veränderung des Verlaufs der Abbaukante auf eine Umsiedlung ganz verzichtet werden könnte. Ende 1994 legte die LAUBAG ihre Ergebnisse der Planungsstelle vor. Sie führte aus, dass das Schloss unter bestimmten Bedingungen erhalten bleiben könne. Die Erhaltung des Dorfes und damit der Verzicht auf eine Umsiedlung hätten aber das Ende des Tagebaubetriebes zur Folge gehabt. Daraufhin holte der Braunkohlenausschuss ein Gutachten zu diesen Unternehmensaussagen ein, wobei zwei wesentliche Aspekte beachtet werden sollten: Zum einen sollte der Tagebau weitergeführt und zum anderen eine Umsiedlung von Geisendorf verhindert werden.

Nach einer öffentlichen Ausschreibung wurde ein unabhängiges Ingenieurbüro mit der Begutachtung beauftragt. Man legte besonderen Wert auf eine transparente Bearbeitung und eine enge Zusammenarbeit mit dem Arbeitskreis Welzow-Süd, der eine Umsiedlung, wenn irgend möglich, verhindern wollte. Im Mai 1995 stellte das Ingenieurbüro die Ergebnisse seiner gutachterlichen Prüfung dem Braunkohlenausschuss und dem Arbeitskreis vor. Danach war aus geologischen Gründen (Störungszone des Kauscher Grabens) eine Verlagerung der Abbaukante nach Osten, die die Erhaltung des Ortes ermöglicht hätte, nicht zu realisieren. Damit erhielten die Aussagen der LAUBAG eine von neutraler Seite geprüfte Bestätigung. Auf Grund der Transparenz dieses Gutachtens wurde es möglich, die weiteren Planungsschritte zu gehen (*Braunkohlenplanung* ..., S. 115).
Im weiteren Verfahren kam trotz des Gutachtens aus der Mitte des Braunkohlenausschusses noch die Forderung auf zu prüfen, ob nicht durch die Verlegung von Betriebsanlagen bzw. der Bahnstrecke Cottbus-Senftenberg eine Umsiedlung doch noch verhindert werden könnte. Auch diese Möglichkeit wurde überprüft. Abgesehen von Kosten in Höhe von mehreren Millionen Deutsche Mark (damals!) sprachen vor allem immissionsschutzrechtliche und ökologische Gründe eindeutig für eine Umsiedlung. Damit war letztendlich der Nachweis der Unvermeidbarkeit der Umsiedlung erbracht.

Ende 1996 hat der Braunkohlenausschuss den Verlauf der Abbaugrenze mit der Feststellung des Teilplans 1 (Geisendorf-Steinitzer Endmoräne) beschlossen und damit die landesplanerische Grundlage für die Umsiedlung der Bewohner von Geisendorf geschaffen. Nähere Regelungen zur Umsiedlung enthält der Teilplan 2 (Umsiedlung Geisendorf/Sagrode). Der Braunkohlenausschuss hat diesen Plan Ende 1997 festgestellt; der Plan ist im April 1998 durch das Kabinett rechtsverbindlich bestätigt worden (*Braunkohlenplanung* ..., S. 115).

• *Fallbeispiel Heuersdorf mit Planungsvarianten für Standorte von Neu-Heuersdorf*

Zwar haben sich die Planungen für die Umsiedlung von Geisendorf über mehrere Jahre hingezogen. Letztlich konnte das Verfahren aber doch erfolgreich abgeschlossen werden. Dass Planungen von Umsiedlungen oft noch erheblich komplizierter verlaufen können, zeigt das Beispiel von Heuersdorf (*Braunkohlenplanung* ..., S. 149).

Die aus den Ortsteilen Heuersdorf und Großhermsdorf bestehende Gemeinde Heuersdorf lag bereits seit 1965 in einem „Bergbauschutzgebiet" und war somit seither von Umsiedlungsplanungen bedroht. Daher kam es zu überdurchschnittlich großen Abwanderungen vor allem junger Menschen und zu einem starken Verfall der Bausubstanz. Mit der Wiedervereinigung hofften viele der verbliebenen Bewohner, eine Umsiedlung verhindern zu können und wehrten sich massiv gegen entsprechende Pläne. Ein sachlicher Dialog zwischen Bürgern, Bergbauunternehmern und Politikern kam nicht zustande. Ein Grund hierfür mag gewesen sein, dass es das Bergbauunternehmen versäumt hatte, sich in Heuersdorf als wichtiger Arbeitgeber zu behaupten (*Braunkohlenplanung* ..., S. 149). 1995 war kein Heuersdorfer mehr im Bergbau „vor der Haustür" beschäftigt.
Der für dieses Gebiet gültige Braunkohlenplan nennt in Ziel Nr. 22 folgende Standortkriterien für die Umsiedlung von Dörfern, und somit auch für Heuersdorf (siehe Tafelanschrieb 4)

Tafelanschrieb 4: Standortkriterien für die Umsiedlung von Dörfern

- Der neue Standort soll im Bereich unverritzter, altlastenfreier, von der Braunkohlenförderung und -veredlung in Zukunft nicht tangierter Flächen liegen.
- Eine gesicherte Bebaubarkeit und eine ausreichende Flächengröße für eine gemeinsame Umsiedlung müssen gegeben sein.
- Relative Nachbarschaft zum jetzigen Standort und ein Verbleib in der derzeitigen Gebietskörperschaften (Bundesland, Landkreis, Gemeindeverband) werden angestrebt.

Diese Kriterien sollen sicherstellen, dass am Umsiedlungsstandort keine neuen Belastungen durch den Braunkohlenbergbau entstehen, eine ausreichende Entwicklung des neuen Ortes (und somit auch von Neu-Heuersdorf) möglich ist und akzeptable Lebensbedingungen im Ort vorhanden sind (Arbeitsplätze, Geschäfte, Schule, Kirche, medizinische Betreuung). Der Braunkohlenplan fordert weiterhin ausdrücklich, dass die betroffenen Bürger in die Standortfindung einzubeziehen sind. Eine etwaige Abweichung von den oben genannten Standortkriterien darf nur im Einvernehmen mit den Betroffenen erfolgen.

Das Bergbauunternehmen hat 1993 das Leipziger Institut für Wirtschaftsförderung und Regionalmarketing beauftragt, Standorte für Neu-Heuersdorf herauszufinden. Nach eingehenden Untersuchungen hat das Institut mehrere Standorte mit jedoch teilweise unterschiedlichen Lagebedingungen vorgeschlagen.
Schon bald zeigte sich, dass die Bürger von Heuersdorf hiermit sehr unzufrieden waren, zumal manche Standorte der Neusiedlungen bis zu 25 km von Heuersdorf entfernt lagen. Daraufhin hat der Braunkohlenausschuss eine weitere Studie beim Umweltforschungszentrum Leipzig-Halle GmbH in Auftrag gegeben, bei der die Wünsche der Bürger von Heuersdorf eine besonders starke Berücksichtigung fanden. Von den vom Umweltforschungszentrum vorgeschlagenen neuen Standorten (M 3.9) wurden vor allem Regis-Breitingen und Deutzen favorisiert. Dennoch konnte bei den Bürgern keine Mehrheit für diese Standorte gefunden werden, weil die meisten eine Umsiedlung grundsätzlich ablehnten. Auch blieben Gespräche zwischen Vertretern der sächsischen Regierung und der Gemeinde Heuersdorf erfolglos.

Wegen der unsicheren Situation zogen immer mehr Menschen „freiwillig" aus Heuersdorf in eigens von ihnen gewählte Dörfer und Städte weg, so dass Heuersdorf Anfang 1998 nur noch weniger als 300 Einwohner zählte. Daraufhin erließ am 8.4.1998 der sächsische Landtag das sog. „Heuersdorfgesetz". Es legte zunächst in § 1 fest, dass zukünftig das Gebiet der Gemeinde für die Gewinnung der Braunkohle in Anspruch genommen werden darf. Außerdem ordnete es langfristig gesehen (d. h. für die nächsten ca. 5 – 7 Jahre) die Umsiedlung nach Regis-Breitingen an, sofern die Heuersdorfer keinen anderen Vorschlag unterbreiten. Auch nach Erlass des Gesetzes fand sich keine Mehrheit in der Bevölkerung für eine gemeinsame Umsiedlung. Statt dessen verstärkte sich der

Prozess der „Selbstumsiedlung" weiter, so dass sich gegenwärtig die Einwohnerzahl jährlich verringert. Dadurch verliert auch das Problem eines neuen Umsiedlungsstandortes immer mehr an Brisanz (M 3.10).

2.4 Probleme der Braunkohlen- und Regionalplanung bei Veränderungen im Wasserhaushalt

Eine der wichtigen Voraussetzungen für die Gewinnung von Braunkohle ist die Trockenlegung der vorgesehenen Abbauflächen. In der Lausitz müssen für jede geförderte Tonne Kohle bis zu 6 m^3 Wasser gehoben werden. Ende der 1980er Jahre belief sich die Wasserhebung auf 1,3 Mrd. m^3 jährlich. Infolge dieses massiven Eingriffs in den Wasserhaushalt entstanden großräumige Absenkungstrichter mit einer Gesamtfläche von ca. 1.300 km^2 (M 3.11).

Eine der Aufgaben der Braunkohlenplanung und somit auch der Regionalplanung ist die Wiederherstellung eines sich weitgehend selbstregulierenden Wasserhaushaltes. Grundsätzlich ist zwar eine Erhöhung bzw. Normalisierung des Grundwasserspiegels erstrebenswert. Dies bringt in manchen Fällen aber auch Gefahren mit sich, wie aus nachfolgendem Bericht hervorgeht. „An einem Tag im November 1997, zwischen Sedlitzer und Skadoer See bei Senftenberg: Die Kippe beginnt sich zu bewegen. Innerhalb weniger Sekunden rutschen 3,2 Millionen Kubikmeter Kippenfläche in den Tagebausee, 26 Hektar Wald verschwinden." (LMBV, Wandlungen, S. 8). Die vorwiegend aus locker gelagerten, feinkörnigen Sanden bestehenden Kippen und Kippenböschungen in den ausgekohlten Tagebauen können ein gefährliches „Eigenleben" entwickeln: In der Fachsprache wird es 'Setzungsfließen' genannt. Steigt das Grundwasser wieder an, so durchströmt es das Kippenmaterial, und die wassergesättigten Kippenböschungen verflüssigen sich im Nu. Dadurch werden riesige Flächen instabil und rutschen in den Tagebausee (M 3.12).

Vor allem seit Ende der 1990er Jahre kam es häufiger zu diesem gefährlichen Phänomen. Die Pumpenanlagen in den ehemaligen Tagebauen wurden abgeschaltet, um den Prozess der selbstständigen Grundwasserregulierung zu beschleunigen. Wegen permanenter Erosion infolge Wind und Wellenschlag an den unbefestigten Ufern der Tagebauseen brechen große Teile immer wieder ab. An etwa 759 Kilometern Böschung, die sich entlang der Tagebauseen befinden, ist die Sicherheit gefährdet. Alle größeren Rutschungen von Setzungsfließen fanden an Tagebaurestlöchern statt, die ihre endgültigen Wasserspiegel noch nicht erreicht hatten und deren Böschungen von der Landseite her hauptsächlich durch Grundwasser angeströmt wurden. In den Braunkohlenplänen sollen die besonders gefährdeten Böschungen gekennzeichnet und hierfür spezielle Vorsorgemaßnahmen getroffen werden.

Ein weiteres Problem, das mit der Erhöhung bzw. Normalisierung des Grundwasserspiegels einhergeht, ist die Versauerung des Wassers. Versauerung ensteht u. a. dadurch, dass die in der Verkippung enthaltenen Eisen-Schwefel-Minerale zerfallen und saure Bestandteile bilden. Beim Anstieg des Grundwassers werden diese ausgewaschen, und es besteht die Gefahr der Bildung schwefelsaurer Tagebauseen. Die Braunkohlenpläne tragen Vorsorge dafür, dass diese Seen nicht an öffentliche Gewässer angeschlossen werden.

Eine weitere Maßnahme, die die Braunkohlenpläne enthalten müssen, ist die sog. Flutung von Tagebaurestlöchern. Unter dem Begriff „Flutung" wird die Füllung der Tagebaurestlöcher mit Zufuhr von Grundwasser oder Fremdwasser verstanden. Geflutet werden kann erst dann, wenn die Sicherung und Gestaltung der Tagebauböschungen abgeschlossen ist. Die rasche Flutung stellt oft auch im Hinblick auf die Wiederherstellung eines ausgeglichenen Wasserhaushaltes die einzige Alternative dar, da ein Verfüllen der Tagebaurestlöcher mit Erdmassen nur begrenzt möglich ist.

Werden die Tagebauseen durch natürlichen Grundwasserzustrom geflutet, kann dies bis zu 100 Jahre dauern. Gefahren ergeben sich aus der Versauerung der Restseen und durch Erosion der Böschungen. Touristische Nutzungen oder eine wirtschaftliche Erschließung wären dadurch ausgeschlossen.

Durch sog. Fremdflutung können ehemalige Tagebaue wesentlich früher einer Folgenutzung zugeführt werden. Daher sieht die Braunkohlenplanung in der Lausitz vor, 20 Seen mit einer Wasserfläche von 13.366 ha und einem Seevolumen von 2.269 Mio. m^3 zu fluten (M 3.13). Der Wasserspiegel steigt im Tagebaurestloch schneller als das Grundwasser des Umfeldes an. Saures Wasser kann dadurch nicht aus den Kippen in den See gelangen, die Wasserqualität verbessert sich. Das biologische Selbsterhaltungsniveau der Restseen wird schnell erreicht.

Die in den Braunkohlenplänen festgelegten Flutungen haben folgende Vorteile:
- Verkürzung der Flutungszeit und damit schnellere Nutzung der gestalteten Seenlandschaft;
- Erfüllung der für den Anschluss des Sees an die öffentlichen Gewässer geforderten Wasserqualitäten;
- schnelle Wiederherstellung eines sich weitestgehend selbst regulierenden Wasserhaushaltes;
- Verringerung der Kosten durch geringere Aufwendungen bei der Gestaltung und Unterhaltung der Böschungen sowie durch nicht benötigte Wasseraufbereitungsanlagen.

Die Flutung wird in der Weise vorgenommen, dass man Wasser aus den Flüssen der Region (z. B. Spree, Schwarze Elster oder Neiße) in die Tagebaurestlöcher einleitet. Dabei darf den Flüssen nur so viel Wasser entnommen werden, dass die vorgegebene Mindestwassermenge nicht unterschritten wird. Das Wasser wird in Rohrleitungen sowie in naturnah gestalteten Gräben und Überleitern transportiert (M 3.14). Dabei spielt bei der Überleitung auch die Frage eine Rolle, wieviel Wasservorrat die Tagebauseen haben sollen.

In den Braunkohlenplänen sind für die Wasserflächen meist drei grundsätzliche Nutzungsoptionen vorgesehen:
- sie sollen teilweise der Wasserwirtschaft als Speicherbecken dienen;
- ein anderer Teil wird zu Seen gestaltet, die als stille Oasen der Erholung der Menschen aus den umliegenden Städten dienen und neuer Lebensraum für seltene Tiere und Pflanzen sein sollen;
- wiederum andere Tagebauseen sollen in Zukunft einen Beitrag zur Entwicklung der touristischen Infrastruktur in den Regionen leisten.

Welche Formen die touristischen Nutzungen annehmen können, geht aus einem Bericht der Deutsche Presseagentur (dpa) hervor (M 3.15).

2.5 Braunkohlenplanung und Rekultivierung von Bergbaufolgelandschaften (Beispiel Senftenberger See)

Das Gebiet um Senftenberg ist ein positives Beispiel für die frühere Rekultivierung in der Lausitz. Der Tagebau Niemtsch südlich von Senftenberg wurde 1940 aufgeschlossen; zwischen 1941 und 1966 wurden 135 Mio. t Braunkohle gefördert (Flözmächtigkeit 9 m, bei durchschnittlich 25 m Deckgestein). Ab 1967 wurde das

D Unterrichtsvorschläge

Restloch mit Wasser aus der Schwarzen Elster geflutet. So entstand ein über 1200 ha großer See. Heute dient der Senftenberger See in erster Linie der Brauchwasserversorgung des BASF-Werkes Schwarzheide. Zugleich stellt er ein für die Region bedeutendes Naturschutzgebiet dar. Große Flachwasserbereiche des Sees, wo z. T. Rippen der Förderbrückenkippe aus dem Wasser heraustreten, sowie die 255 ha große Insel in seiner Mitte, ebenfalls ein Ergebnis der Verkippung, bieten Gänsen, Enten, Kormoranen und Möwen Rast- und Brutplätze. Ferner ist der See mit seiner Strandlänge von 16 km mit Bungalowsiedlungen, Zeltplätzen, Fischerei- und Fahrgastschiffbetrieb ein beliebtes Zentrum der Naherholung. An Sommertagen sind hier bis zu 80.000 Besucher gezählt worden. Für die Sicherheit der Benutzer wichtig ist die Standfestigkeit der Böschungen. Teile der durch die Förderbrücke verkippten Böden und die Steilhänge der anstehenden pleistozänen Sande und Kiese sind instabil; sie mussten schon früher aufwändig verfestigt werden.

In der Nachbarschaft des Senftenberger Sees liegt u. a. der 1960 begonnene Tagebau Meuro. Er ist im Jahre 1999 beendet worden. Für die Zukunft ist hierfür im Rahmen der Braunkohlen- und Regionalplanung ein großräumiges Sanierungskonzept entwickelt worden.

2.6 Aufgaben der Braunkohlen- und Regionalplanung bei Aufforstungen

Die Braunkohlenpläne enthalten bzgl. der Rekultivierung häufig ziemlich ausführliche Angaben zu forstwirtschaftlichen Maßnahmen, weil oft große Flächen aufgeforstet werden sollen. Im Wesentlichen sind es drei Aspekte, die die Aufforstungsmaßnahmen im Rahmen der Rekultivierung beeinflussen.

Tafelanschrieb 5: Aspekte, die die Aufforstung beeinflussen

> 1. Forstwirtschaftliche Interessen, also das Streben nach ökonomischer Verwertbarkeit des neuen Waldes.
> 2. Ökologische Interessen, also der Wunsch nach standortgerechten und biologisch vielfältigen Baumbeständen; im übrigen fallen auch ästhetische Gesichtspunkte und Aspekte des Freizeitwerts ins Gewicht.
> 3. Beide Aspekte haben sich am vorhandenen Bodensubstrat mit seinen physikalischen und chemischen Eigenschaften zu orientieren.

In der Niederlausitz förderte die Forstverwaltung zu Beginn der DDR-Zeit (1950er Jahre) bei der Rekultivierung einen artenreichen Laubmischwald und bemühte sich um die biologische Verbesserung des rohen Kippenbodens. Beispielsweise durchwurzeln Erlen den Boden gut und fördern mit ihrer leicht zersetzbaren Streu die Bodenentwicklung. (Erlen sind in M 3.16 unter „Sonstige" enthalten.) Später war dieser Weg aus wirtschaftlichen Gründen unerwünscht, aber auch auf Grund des Bodenmaterials oft kaum möglich. Viele Tagebaue schlossen die älteren Sande von Urstromtälern auf, die Schwefelkies enthalten. Dieser verwittert auf der Kippe rasch und lässt den Boden versauern. Auch die Förderbrückentechnik erschwerte es, gute Bodenschichten gesondert zu gewinnen. Dadurch entstanden sog. Sturzkippen, die kaum oder nur mit der anspruchslosen Kiefer rekultiviert werden konnten. Solche Bestände sind aber z. B. für Brände sehr anfällig.

3. Didaktisch-methodische Gestaltung

Zunächst erläutert der Lehrer die Mittlerfunktion der Regionalplanung zwischen den Landesplanungsbehörden (Ebene der Bundesländer) einerseits und den Planungsbehörden der Gemeinden und Kreise andererseits. Diese Mittlerfunktion ist erforderlich, weil die Ziele der Landesplanung (auf der Ebene der Bundesländer) oft ziemlich allgemein abgefasst sind. Sodann legt der Lehrer dar, was unter einer „Region" im Sinne der Regionalplanung zu verstehen ist. Er weist darauf hin, dass der Begriff „Region" in der Planungspraxis in manchen Bundesländern ziemlich weit, in anderen jedoch eng aufgefasst wird.

Anschließend befasst sich der Lehrer mit dem *Regionalplan* als dem wichtigsten Instrument der Regionalplanung und zeigt an Hand von Tafelanschrieb 1 die verschiedenen Arbeitsstufen in der Regionalplanung auf. Zu erörtern ist ebenfalls die Organisation der Regionalplanung; in vielen Bundesländern ist die Regionalplanung an eine Mittelinstanz angebunden, in anderen wiederum gibt es spezielle Planungsverbände.

Ein in der Praxis besonders wichtiger Spezialbereich der Regionalplanung ist die Braunkohlenplanung. Sie gibt es in den Bundesländern mit großen Braunkohlenlagerstätten, d. h. in Sachsen, Sachsen-Anhalt, Brandenburg und Nordrhein-Westfalen. Der Abbau der Braunkohle im Tagebau hat gravierende Eingriffe in die Landschaft zur Folge, und daher kommt der Braunkohlenplanung, die diese Eingriffe vorbereiten und später für die Rekultivierung sorgen muss, eine große Rolle im Rahmen der Regionalplanung zu. Von besonderer Aktualität ist die Braunkohlenplanung in den neuen Bundesländern, da dort vor der Wiedervereinigung Braunkohle als wichtigster Bodenschatz der DDR in riesigen Mengen abgebaut und aus Kostengründen auf Rekultivierung kaum Wert gelegt wurde.

Um die heutigen Probleme bei der Planung von neuen Tagebauen und bei der Rekultivierung ausgebeuteter Flächen besser verstehen zu können, behandelt der Lehrer zunächst die Entstehung der Braunkohlenlagerstätten in den neuen Bundesländern Sachsen und Sachsen-Anhalt (M 3.1 - 3.2). Sodann führt er die Entwicklung des Abbaus in diesen Gebieten seit dem ausgehenden 19. Jahrhundert vor (M 3.3). Nach einem außergewöhnlich großflächigen Abbau in DDR-Zeiten ist seit der Wiedervereinigung die Nachfrage nach Braunkohle aus Ostdeutschland sehr stark gesunken, und dies hat erhebliche wirtschaftliche Nachteile zur Folge (M 3.4).

Um die vielfältigen ökonomischen und ökologischen Probleme in den Griff zu bekommen, haben Sachsen, Sachsen-Anhalt und Brandenburg seit einigen Jahren neue Gesetze zur Braunkohlenplanung erlassen. In Sachsen wird die Regionalplanung und somit auch die Braunkohlenplanung von mehreren Planungsverbänden übernommen (M 3.5). Hauptorgan eines Planungsverbandes ist die Planungsversammlung, zu deren Aufgabe auch die Aufstellung von Braunkohlenplänen zählt. An Hand der Tafelanschriebe 2 und 3 erklärt der Lehrer, wel-

Unterrichtsvorschläge

che Angaben und Karten die Braunkohlenpläne enthalten müssen. Daraufhin behandelt er das langwierige und schwierige Verfahren der Verabschiedung eines Braunkohlenplanes. Es empfiehlt sich, den Schülern eine Fotokopie von M 3.6 auszuteilen und die Verfahrensabschnitte einzeln zu besprechen. Bei dieser Gelegenheit ist auch besonders darauf hinzuweisen, in welchen Verfahrensabschnitten sich die Bürger an den Planungen beteiligen können.

Zwischenzeitlich sind für alle Braunkohlenabbaugebiete Braunkohlenpläne nach dem oben beschriebenen Verfahren erlassen worden, wobei sich die heutige Abbaumenge und das Abbauverfahren aus D 3.1 und M 3.7 ergeben.

Für den großflächigen obertägigen Abbau der Braunkohle sind immer Umsiedlungen von Dörfern erforderlich (M 3.8), und für die Umsiedlungen müssen ebenfalls umfangreiche Planungen vorgenommen werden. Umsiedlungen von Ortschaften stellen die Planer meist vor besonders schwierige Aufgaben, weil hierbei der Widerstand der betroffenen Bevölkerung außergewöhnlich groß ist. Im Folgenden bespricht der Lehrer die Planungsschritte, die zur Umsiedlung von Geisendorf und Heuersdorf vorgenommen wurden. Er setzt sich mit den Planungsvarianten für Neu-Heuersdorf (M 3.9 und Tafelanschrieb 4) auseinander. Die Schüler sollen zu den Vor- und Nachteilen der einzelnen Standorte Stellung nehmen und sich dazu äußern, welche der fünf Varianten sie als die beste(n) ansehen.

Im Zusammenhang mit der Umsiedlungsplanung steht das sehr schwierige Problem der *Entschädigung* der Bürger dafür, dass sie Häuser und Grundstücke verlieren. Im Rahmen der sächsischen Regional- und Braunkohlenplanung gibt es hierfür zwischenzeitlich ausführliche Richtlinien. Diese Richtlinien sind in M 3.10 den nordrhein-westfälischen Richtlinien gegenüber gestellt. Die Schüler sollen sich mit den Richtlinien intensiv auseinander setzen und dazu Stellung nehmen, in welchen Punkten die betroffenen Bürger sich im Falle der Umsiedlung schlechter stehen als bisher und welche Punkte sich eventuell positiv für sie auswirken. Sie sollen außerdem darlegen, in welchen Fällen die sächsischen und in welchen die nordrhein-westfälischen Richtlinien die besseren Regelungen enthalten.

Die Beurteilung der einzelnen Punkte der sächsischen Richtlinien kann auch in Form eines Rollenspiels erfolgen. Beispielsweise kann ein Teil der Klasse sich in die Rolle der Bürgern versetzen, die umgesiedelt werden sollen, und ein anderer Teil der Klasse in die Rolle des Bergbauunternehmens. Auf diese Weise soll den Schülern nachhaltig bewusst werden, welchen Schwierigkeiten und welcher Vielzahl von sich widerstreitenden Interessen die Planer bei der Ausübung ihrer Tätigkeit ausgesetzt sind.

Sodann widmet sich der Lehrer den Problemen, die die Planer wegen der Veränderung des Wasserhaushalts durch den Braunkohlenabbau zu lösen haben. Der Lehrer erläutert, dass für jede Tonne Braunkohle bis zu 6 m^3 Wasser gehoben werden müssen und dass sich dadurch großräumige Absenkungstrichter (Tagebaurestlöcher) bilden (M 3.11). Es besteht die Gefahr, dass die aus lockerem Abraummaterial bestehenden Böschungen zu rutschen beginnen und dass es infolge der in den Abraumhalden enthaltenen Eisen-Schwefel-Minerale zu einer Versauerung der Tagebaurestlöcher kommt (M 3.12). Zur Vermeidung dieser Gefahren nehmen die Planer oft sog. Fremdflutungen mit Wasser aus Flüssen der Region vor (M 3.13 – 3.14). Auch bei dieser Maßnahme soll den Schülern das riesige Ausmaß der Eingriffe der Planungen in die Landschaft verdeutlicht werden. Immerhin werden dabei auf vielen Kilometern Länge neue Verläufe von Flüssen geschaffen.

In manchen Fällen gestalten die Braunkohlen- und Regionalplaner die Tagebaurestlöcher zu Erholungsgebieten um. Der Lehrer teilt den Schülern eine Fotokopie von M 3.15 aus und diskutiert mit ihnen den Inhalt des Zeitungsberichts.

Bei der Frage, in welcher Form ein ehemaliges Bergbaugebiet rekultiviert werden soll, entscheiden sich die Braunkohlen- und Regionalplaner oft für Aufforstung. Der Lehrer erläutert an Hand von Tafelanschrieb 5, welche Aspekte bei der Aufforstung zu beachten sind und bespricht sodann M 3.16.

4. Verlaufsplanung (ca. 10 Stunden)

Kurzerläuterungen	Materialien
• Einstieg/Motivation: Regionalplanung zwischen den Ebenen Bundesland und Gemeinden/Kreisen	
• Klärung des Begriffs „Region"	
• Arbeitsstufen in der Regionalplanung	Tafelanschrieb 1
• Organisation der Regionalplanung	
• Braunkohlenplanung als wichtiger Teilbereich der Regionalplanung	M 3.1
• Entstehung der Braunkohle in der Lausitz und ihr Abbau	M 3.2 – 3.4
• Regional- und Braunkohlenplanung in östl. Bundesländern seit 1990	M 3.5 und Tafelanschrieb 2, 3
• Das Verfahren zur Verabschiedung eines Braunkohlenplans als Teil der Regionalplanung	M 3.6
• Der heutige Umfang des Braunkohlenabbaus	D 3.1 – 3.2; M 3.7
• Aufgaben der Braunkohlen- und Regionalplanung bei Umsiedlungen; Beisp. Geisendorf und Heuersdorf	M 3.8 – M 3.10; Tafelanschrieb 4
• Probleme der Braunkohlen- und Regionalplanung bei Veränderungen im Wasserhaushalt	M 3.11 – M 3.14
• Aufgaben der Braunkohlen- und Regionalplanung bei Aufforstungen	M 3.15 – M 3.16 Tafelanschrieb 5

D Unterrichtsvorschläge

D.4 Landesplanung auf der Ebene der Bundesländer (Beispiel Rheinland-Pfalz)

1. Lernziele

Die Schüler sollen
- lernen, welche Sachbereiche im Landesplanungsprogramm eines Bundeslandes behandelt werden;
- lernen, wie ein solches Landesplanungsprogramm im Wechsel von Text und Kartendarstellungen aufgebaut ist;
- lernen, was man unter „zentralen Orten", „Oberzentren", „Mittelzentren" und „Grundzentren" versteht;
- lernen, was mit „räumlichen Disparitäten" gemeint ist;
- erkennen, dass es seitens verschiedener öffentlicher und privater Verbände und Institutionen zum Teil sehr unterschiedliche und manchmal sogar konträre Nutzungsansprüche an den Raum gibt;
- lernen, wie Konflikte bezüglich unterschiedlicher Nutzungsansprüche an den Raum gelöst werden können;
- erarbeiten, wie die durch die Aufgabe militärischer Liegenschaften frei gewordenen Flächen neu genutzt werden können;
- auch für andere Bundesländer als Rheinland-Pfalz erkennen, welche landesplanerischen Probleme es gibt.

2. Sachanalyse

• *Einleitende Aspekte zum rheinland-pfälzischen Landesentwicklungsprogramm III*

Die Landesregierung von Rheinland-Pfalz hat 1995 das 3. Landesentwicklungsprogramm (LEP III) vorgelegt. Hierbei handelt es sich um das Landesplanungsprogramm für Rheinland-Pfalz (die offizielle Bezeichnung der Landesplanungsprogramme ist von Bundesland zu Bundesland unterschiedlich). Das erste rheinland-pfälzische Landesentwicklungsprogramm war 1968 erschienen und das zweite 1980; das dritte soll bis weit ins 21. Jahrhundert gelten. Die rheinland-pfälzische Landesregierung hat das Landesentwicklungsprogramm III nach eingehender Anhörung der Landkreise, kreisfreien Städte, verbandsfreien Gemeinden und Verbandsgemeinden sowie der fachlich tangierten Verbände erarbeitet. Das LEP III erfüllt die Anforderungen, die in § 5 Abs. 1 des Raumordnungsgesetzes und in § 10 des Landesplanungsgesetzes von Rheinland-Pfalz genannt sind, und zeigt in einem groben Rahmen auf, welche Ziele die oberste rheinland-pfälzische Landesplanungsbehörde in den nächsten Jahren verfolgt. In der Vorbemerkung zum LEP III heißt es (S. I): „Innerhalb dieses Rahmens können noch Spannungen in Punkten auftreten, in denen heute noch keine Prioritätsentscheidungen möglich sind. Diese können durch Konkretisierung in der Regionalplanung erfolgen, ggfs. müssen sie im Rahmen von Raumordnungsverfahren ... gesucht werden" (vgl. zum Raumordnungsverfahren Kap. C. 5).
Im nächsten Abschnitt, der „Vorbemerkung" zum LEP III, wird erwähnt, dass sich im Vergleich zu 1968 und 1980, als die beiden ersten Landesentwicklungsprogramme vorgelegt wurden, die Wirtschaftskraft von Rheinland-Pfalz und die Lebensbedingungen der Bürger deutlich verbessert haben. Über Einzelheiten bzgl. der Verbesserungen hat die Landesregierung in *Raumordnungsberichten* Auskunft gegeben; diese sind im Abstand von drei bis fünf Jahren erschienen.

Das LEP III steht im Vergleich zum LEP II vor folgenden neuen Herausforderungen:
- Der rheinland-pfälzische Naturhaushalt ist heute bereits an vielen Stellen (z. T. irreversibel) gestört, und die Flächen für weitere Entwicklungs- und Infrastrukturmaßnahmen sind begrenzt. Daher muss die *nachhaltige* Entwicklung stärker als bisher zur Grundlage der Planungen werden.
- Für die Stärkung des Wirtschaftsstandortes Rheinland-Pfalz im europäischen Binnenmarkt und in einem vereinten Deutschland ist von geänderten Lagefaktoren und neuen Konkurrenzen in Deutschland und Europa auszugehen.
- Abrüstung und Truppenverminderung sind in den betroffenen Gebieten Herausforderung und Chance für die regionale Umstrukturierung, auch im Hinblick auf Naturschutz und Landschaftspflege.

• *Dezentrale Konzentration der Siedlungsstruktur*

Das LEP III baut auf dem Leitbild der sog. dezentralen Siedlungsstruktur auf. Dies bedeutet zum einen, dass die verdichteten Gebiete entlang des Rheins sowie die Verdichtungskerne in den ländlichen Teilräumen in ihrer wirtschaftlichen Leistungsfähigkeit zu stabilisieren und so zu entwickeln sind, dass sie als wirtschaftliche Leistungszentren überregionale Bedeutung erhalten. Zum anderen sollen die Siedlungen in den ländlichen Räumen durch verstärkte Kooperation und gezielte Maßnahmen ihrem Auftrag zur Versorgung der Bevölkerung mit Einrichtungen und Dienstleistungen gerecht werden. In ländlichen bzw. dünn besiedelten Gebieten gilt es also, die vorhandenen Siedlungsstrukturen zu stabilisieren, während in städtischen bzw. dicht besiedelten Gebieten Konzentrationstendenzen verhindert werden sollen.

• *Zu Aufbau und Verbindlichkeit des LEP III*

Das LEP III hat einen Umfang von ca. 170 Seiten, wobei die textlichen Ausführungen durch ca. 20 Karten ergänzt werden. Durch das LEP III selbst werden unmittelbar keine raumverändernden Prozesse in Gang gesetzt. Die landesplanerischen Ziele werden durch andere öffentlich-rechtliche Körperschaften und Institutionen verwirklicht, denn diese müssen gemäß § 4 des Raumordnungsgesetzes, § 3 des rheinland-pfälzischen Landesplanungsgesetzes, § 1 Abs. 4 des Baugesetzbuches und zahlreichen Vorschriften in Fachgesetzen die Ziele der Landesplanung beachten und dementsprechend handeln. Welche Sachbereiche im LEP III behandelt werden, geht im wesentlichen aus folgender Inhaltsübersicht hervor:

1	Rheinland-Pfalz in Deutschland und Europa
2	Gestaltung der Raum- und Siedlungsstruktur
2.1	Raumstrukturen
2.1.1	Hoch verdichtete Räume
2.1.2	Verdichtete Räume
2.1.3	Ländliche Räume
2.1.4	Ökologische Raumgliederung
2.2	Freiraumsicherung
2.2.1	Freiraumfunktionen mit ökologischer Bedeutung
2.2.2	Freiraumfunktionen mit sonstiger Bedeutung
2.3	Planungsräume
2.3.1	Planungsregionen
2.3.2	Besonders planungsbedürftige Räume
2.4	Funktionaler Aufbau der Siedlungsstruktur
2.4.1	Eigenentwicklung der Gemeinden
2.4.2	Besondere Funktionen von Gemeinden
2.4.3	Besondere Funktion „zentraler Ort"
2.5	Verbindung und Erschließung der Räume
2.6	Raumwirksamkeit von Finanzströmen
3	Ziele der Landesplanung in Fachbereichen
3.1	Schutz der Umwelt und der natürlichen Lebensgrundlagen

D Unterrichtsvorschläge

- 3.1.1 Schutzgüter
- 3.1.2 Technische Mittel
- 3.1.3 Umweltschutz durch stoffliche Ressourcenschonung
- 3.2 Städtebauliche Entwicklung
- 3.2.1 Ortsplanung
- 3.2.2 Kommunale Entwicklungspolitik, Stadterneuerung, Dorferneuerung, Wohnungsbau, Denkmalpflege
- 3.2.3 Ökologie im Städtebau
- 3.3 Fremdenverkehr, Erholung; Freizeit, Sport und Spiel
- 3.3.1 Fremdenverkehr, Erholung
- 3.3.2 Freizeit, Sport und Spiel
- 3.4 Gewerbliche Wirtschaft
- 3.4.1 Sektorale Wirtschaftsstruktur
- 3.4.2 Regionale Wirtschaftsstruktur
- 3.4.3 Arbeitsmarkt
- 3.5 Landwirtschaft und Weinbau, Forstwirtschaft
- 3.5.1 Landwirtschaft und Weinbau
- 3.5.2 Forstwirtschaft (Landeswaldprogramm)
- 3.6 Verkehr und Telekommunikation
- 3.6.1 Verkehr
- 3.6.2 Telekommunikation, Postdienste
- 3.7 Energieversorgung
- 3.8 Wasserwirtschaft
- 3.9 Abfallwirtschaft
- 3.10 Bildung und Kultur
- 3.11 Wissenschaft und Weiterbildung
- 3.12 Weiterentwicklung der sozialen Infrastruktur
- 3.12.1 Soziales
- 3.12.2 Gesundheitswesen
- 3.13 Militärische Einrichtungen, Konversion

Im Folgenden kann aus Platzgründen nicht auf alle Sachgebiete des LEP III eingegangen werden, sondern es können nur diejenigen herausgegriffen werden, die sich für eine Behandlung im Unterricht besonders gut eignen.

Das LEP III unterteilt die Fläche von Rheinland-Pfalz in die drei Kategorien „hoch verdichtete Räume", „verdichtete Räume" und „ländliche Räume" (M 4.1; bei den ländlichen Räumen wird noch weiter differenziert zwischen ländlichen Räumen mit Verdichtungsansätzen, dünn besiedelten ländlichen Räumen und dünn besiedelten ländlichen Räumen in ungünstiger Lage).

Tafelanschrieb 1: Raumstrukturen in Rheinland-Pfalz

1. Hoch verdichtete Räume
2. Verdichtete Räume
3. ländliche Räume
   - ländliche Räume mit Verdichtungsansätzen
   - dünn besiedelte ländliche Räume
   - dünn besiedelte ländliche Räume in ungünstiger Lage

Die Begriffe „hoch verdichteter Raum", „verdichteter Raum" und „ländlicher Raum" sind durch einen Beschluss des Hauptausschusses der Ministerkonferenz für Raumordnung vom 7. September 1993 inhaltlich festgelegt worden.

Hoch verdichtete Räume

Die Raumstruktur der hoch verdichteten Räume ist durch eine hohe Konzentration von Einwohnern und Beschäftigten auf geringer Fläche und durch sehr günstige großräumige Erreichbarkeit gekennzeichnet. Dadurch werden sie zu attraktiven Standorten; andererseits verstärkt dies aber auch die bereits bestehenden, vielfältigen Nutzungskonflikte.

Zu den hoch verdichteten Räume von Rheinland-Pfalz gehören:
– der Raum Koblenz:
mit den Städten Koblenz, Andernach, Bendorf, Lahnstein, Neuwied und Höhr-Grenzhausen sowie den Verbandsgemeinden Vallendar und Weißenthurm;
– aus dem rheinland-pfälzischen Teil des Rhein-Main-Raumes:
die Städte Mainz, Bad Kreuznach, Bingen und Ingelheim, die Gemeinde Budenheim sowie die Verbandsgemeinden Heidesheim und Langenlonsheim;
– der rheinland-pfälzische Teil des Rhein-Neckar-Raumes:
mit den Städten Ludwigshafen, Frankenthal, Schifferstadt, Speyer und Worms, den Gemeinden Altrip, Bobenheim-Roxheim, Lambsheim, Limburgerhof, Mutterstadt und Neuhofen sowie der Verbandsgemeinde Waldsee.

Verdichtete Räume

Die Charakteristika der verdichteten Räume sind eine überdurchschnittliche Siedlungsdichte und eine gute Anbindung an wichtige Verkehrswege. Sie liegen oft in unmittelbarer Nähe der hoch verdichteten Räume und sind mit diesen, z. T. auch mit Zentren außerhalb der hoch verdichteten Räume, stark verflochten. Aufgabe der verdichteten Räume ist es, die hoch verdichteten Räume zu entlasten und den ländlichen Räumen Entwicklungsimpulse zu geben.

Verdichtete Räume in Rheinland-Pfalz sind:
– das untere Mittelrheintal,
– der Raum Betzdorf,
– das nördliche Rheinhessen,
– die Rheinpfalz mit Ausnahme der südlichen Teilgebiete,
– Trier,
– der Kernraum der Region Westpfalz,
– Alzey, Pirmasens und Zweibrücken.

Ländliche Räume

Die ländlichen Räume nehmen die übrige Fläche des Landes ein. Besondere Beachtung verdienen dabei die „dünn besiedelten ländlichen Räume in ungünstiger Lage". Sie sind vor allem gekennzeichnet durch eine ungünstige verkehrsgeographische Lage zu den hoch verdichteten Räumen. In ihnen stellen sich Struktur- und Anpassungsprobleme in den Bereichen Arbeitsmarkt und Infrastrukturversorgung besonders verschärft dar. Dementsprechend wird im LEP III eine Prüfung aller strukturfördernden Maßnahmen für diese Räume gefordert (S. 18). Dabei kann es nicht nur um die Sicherung vorhandener Erwerbs- und Versorgungsmöglichkeiten gehen. Es ist notwendig, regionale Eigenkräfte (z. B. im Bereich des Fremdenverkehrs) zu erfassen und zu fördern.

• Zentrale Orte; Ober-, Mittel- und Grundzentren
In der Karte (M 4.1) sind ebenfalls „zentrale Orte" eingetragen, wobei die Legende zwischen „Oberzentren" und „Mittelzentren" unterscheidet. Neben den beiden Kategorien „Oberzentrum" und „Mittelzentrum" kennt die Landesplanung als dritte Einheit noch das „Grundzentrum".

Tafelanschrieb 2: Zentrale Orte

1. Oberzentren
2. Mittelzentren
   – Mittelzentren im Grundnetz
   – Mittelzentren im Ergänzungsnetz
3. Grundzentren

Das System der zentralen Orte ist von dem Geographen *W. Christaller* begründet worden. Die „zentralen Orte" nehmen in der Raumordnung und Landesplanung eine wichtige Stellung ein. *Oberzentren* sind Standorte von Einrichtungen des spezialisierten höheren Bedarfs, wie z. B. Universität, Theater, Fachkliniken, oberste Verwaltungsbehörden, Obergerichte, große Banken und Spezialgeschäfte. *Mittelzentren* haben Einrichtungen der allgemei-

D Unterrichtsvorschläge

nen beruflichen Aus- und Weiterbildung (z. B. Gymnasien, berufsbildende Schulen und Bildungseinrichtungen für Erwachsene), Einrichtungen im Sozial- und Gesundheitsbereich (z. B. Akut-Krankenhäuser, Fachärzte und Altenzentren) sowie größere Anlagen im Bereich von Freizeit und Sport. Darüber hinaus sind Mittelzentren auch Standorte weiterer Dienstleistungseinrichtungen wie höherer Behörden (u. a. auch Sitz einer Kreisverwaltung), Gerichte, Banken, größerer Handwerksbetriebe und Einkaufszentren. Das LEP III unterscheidet noch zwischen Mittelzentren des Grundnetzes und Mittelzentren des Ergänzungsnetzes. Danach verfügen Mittelzentren des Grundnetzes über eine vollständige mittelzentrale Ausstattung. Sie stellen als Versorgungsschwerpunkte das Rückgrat bestimmter Versorgungsbereiche dar. Mittelzentren des Ergänzungsnetzes ergänzen die Versorgung im jeweiligen Mittelbereich (LEP III, S. 36). *Grundzentren* sind die Sitze der Verbandsgemeindeverwaltungen und/oder von Hauptschulen. Hier sind oft auch kleinere Sport- und Freizeiteinrichtungen, Arztpraxen, Apotheken und andere Einrichtungen des Dienstleistungsbereichs vorhanden. Das LEP II von 1980 unterschied noch Unter- und Kleinzentren; diese sind im LEP III in den Grundzentren zusammengefasst worden.

Mit dem Ausbau und der Ausweisung von Siedlungen zu zentralen Orten wird das Ziel verfolgt, eine Konzentration im Siedlungswesen zu verhindern und regionale Disparitäten abzubauen. Das LEP III sieht es als Ziel an, die Dienstleistungseinrichtungen in den zentralen Orten zu sichern. Vor allem in den ländlichen Räumen misst das LEP III den Mittel- und Grundzentren einen hohen Stellenwert bei. Hier sollen öffentliche Versorgungseinrichtungen selbst dann neu geschaffen bzw. in Betrieb bleiben, wenn sie nicht ganz ausgelastet sind. Der Grund für dieses landesplanerische Ziel ist folgender: In den ländlichen Räumen ist die Gefahr groß, dass Menschen (vor allem junge Bürger) wegen der schlechten Situation auf dem Arbeitsmarkt in Großstädte bzw. hoch verdichtete Räume abwandern. Ein solches Phänomen ist jedoch aus landesplanerischer Sicht höchst unerwünscht, weil dies eine weitere Bevölkerungskonzentration in den hoch verdichteten Räumen zur Folge hätte, zumal diese ohnehin schon als Aktivräume gelten. Darüber hinaus kann im ländlichen Raum nach einem Wegzug zahlreicher Menschen ein teilweiser Verfall der Siedlungen und der Kulturlandschaft eintreten, den die Landesplaner ebenfalls vermeiden wollen. Wenn in den ländlichen Räumen wenigstens eine gute Versorgung der Bevölkerung mit Dienstleistungseinrichtungen gewährleistet ist, so stellt dies für viele Bewohner ein Argument dar, nicht in die hoch verdichteten Räume abzuwandern, sondern im ländlichen Raum wohnen zu bleiben.

• *Ökologische Raumgliederung*

Während bei den Ausführungen zu den verdichteten Räumen und den zentralen Orten vor allem Städte und Siedlungen im Mittelpunkt stehen, befassen sich andere Kapitel des LEP III mit der Ökologie in Rheinland-Pfalz. Abbildung M 4.2 zeigt die ökologische Raumgliederung; das ganze Bundesland ist unterteilt in folgende Flächen:

Tafelanschrieb 3: Ökologische Raumgliederung

1. Vorwiegend Sicherungsraum
2. Vorwiegend Sanierungsraum
3. Vorwiegend Entwicklungsraum

Das LEP III stellt die hoch verdichteten, die verdichteten und die ländlichen Räume der ökologischen Raumgliederung gegenüber und erhebt dabei u. a. Forderungen für die weitere Bautätigkeit in den einzelnen Raumkategorien (S. 20):

Die *hoch verdichteten* Räume sind gekennzeichnet durch geringe oder fehlende Anteile an naturnahen Flächen, hohe Luftbelastung (insbesondere durch Verkehr), belastete Wasservorkommen (sinkende Grundwasserspiegel), hohen Bodenverbrauch, Lärmbelastung und geringes Regenerationsvermögen der natürliches Ressourcen. Durch andere Ansprüche an den Raum, wie z. B. Bau neuer Wohn- und Gewerbegebiete sowie Verkehrswege, werden die Umweltprobleme noch größer. Daher müssen vor einer neuen Bautätigkeit in diesen Regionen die Planungen besonders sorgfältig unter eingehender Abwägung der verschiedenen Nutzungsinteressen vorgenommen werden.

In den *verdichteten* Räumen ist die Umwelt zwar nicht so stark belastet wie in den hoch verdichteten. Dennoch liegen auch hier z. T. erhebliche Luft- und Wasserverschmutzungen sowie Lärmbelästigungen vor. Daher gilt es ebenfalls in den verdichteten Räumen, vorhandene natürliche Ressourcen zu sichern bzw. Belastungen abzubauen und zu mindern.

Die *ländlichen* Räume weisen gegenüber den hoch verdichteten und verdichteten Räumen zwar überwiegend freie, dünn besiedelte Landschaftsteile auf. Die einzelnen Ressourcen sind jedoch auch hier bereits z. T. belastet. Deshalb ist es wichtig, in den ländlichen Räumen auf die Verbesserung des Naturhaushalts insgesamt hinzuwirken.

• *Arten- und Biotopschutz*

Mit der ökologischen Raumgliederung hängen eng die Ausführungen im LEP III zum Arten- und Biotopschutz zusammen. Auf der diesbezüglichen Karte (M 4.3) sind in roter Farbe die „landesweit bedeutsamen Kernräume" für den Arten- und Biotopschutz ausgewiesen. In vielen Fällen handelt es sich bei diesen Kernräumen um Gebiete, die gleichzeitig in der Karte der ökologischen Raumgliederung als „vorwiegend Sicherungsraum" bezeichnet werden. Das LEP III definiert die „landesweit bedeutsamen Kernräume" wie folgt (S. 64): Es handelt sich dabei um Landschaften, denen bei der nachhaltigen Sicherung von Arten und ihren Lebensräumen aus landesweiter Sicht eine Bedeutung zukommt. Sie sind durch großflächige Bestände besonders schützenswerter Lebensräume, durch das Vorkommen besonders gefährdeter Arten und teilweise noch intakte Vernetzungsstrukturen gekennzeichnet. Das LEP III weist weiter darauf hin, dass sich daraus besondere Einschränkungen für die Nutzung dieser Landschaften ergeben (S. 65). Für die an die Kernräume angrenzenden Gebiete wird der Aufbau von regionalen und lokalen Biotopsystemen gefordert.

• *Gewerbestandorte*

Die Anlegung neuer bzw. die Erweiterung bestehender Industrie- und Gewerbegebiete bringt üblicherweise Eingriffe in Natur, Landschaft und Ökologie mit sich, und daher ist hier eine besonders sorgfältige Abwägung der verschiedenen Interessen vorzunehmen. Die Karte „landes-

Unterrichtsvorschläge

weit bedeutsame Gewerbestandorte sowie Standortbereiche mit besonderen Entwicklungsimpulsen" (M 4.4) zeigt zum einen die „bestehenden landesweit bedeutsamen Gewerbestandorte" und zum anderen diejenigen Standorte, die nach der Zielsetzung der Landesplanung in den nächsten Jahren zu landesweit bedeutsamen ausgebaut werden sollen. Außerdem sind in dieser Karte diejenigen Städte gekennzeichnet, in denen sich in den kommenden Jahren in Folge verbesserter Anbindung an das Schienen- oder Autobahnnetz Industrie und Gewerbe voraussichtlich besonders stark entwickeln werden.

• *Konversionsprojekte*
Bis Anfang der 1990er Jahre wurde in Rheinland-Pfalz ein nicht unbeträchtlicher Teil des Gesamtfläche des Landes von alliierten Streitkräften und Bundeswehr genutzt. Zahlreiche Gemeinden und Kreise sind infolge der Anwesenheit des Militärs in ihrer Siedlungs- und Wirtschaftsstruktur nachhaltig geprägt worden. Umfangreiche Truppenreduzierungen führten in strukturschwachen Standortgemeinden zu erheblichen wirtschaftlichen und arbeitsmarktpolitischen Problemen. Beispielsweise betrugen die militärischen Ausgaben der Alliierten gemessen an der Bruttowertschöpfung in den Landkreisen Kaiserslautern, Birkenfeld und Bitburg-Prüm ca. 40 %, 20 % bzw. 15 %. Die völlige Aufgabe einzelner Standorte bedeutet für die betroffenen Teilräume Risiko und Chance zugleich.

Die oberste rheinland-pfälzische Landesplanungsbehörde hat sich als Ziel gesetzt, die vorhandene bzw. ehemalige militärische Infrastruktur soweit wie möglich für zivile Zwecke nutzbar zu machen. Bis 1998 sind 491 Objekte zur zivilen Neunutzung frei gegeben worden, die eine Fläche von insgesamt 10.168 ha umfassen (Raumordnungsbericht 1998, S. 228). Abbildung M 4.5 zeigt, um welche militärischen Objekte es sich dabei handelt. Besonders große Flächen nehmen die Flugplätze ein, wobei beispielsweise die Flugplätze Hahn (Hunsrück) und Bitburg (Eifel) 562 ha bzw. 491 ha umfassen. In den Städten sind funktionslos gewordene militärische Verwaltungsbauten sehr gefragte Objekte, weil sie oft zentral liegen. Ein Teil der 491 Konversionsprojekte ist bereits einer neuen Nutzung zugeführt worden, während der andere Teil in den nächsten Jahren umgebaut werden soll.

3. Didaktisch-methodische Gestaltung

Zunächst ist auf folgendes hinzuweisen: Auch wenn in diesem Kapitel die Landesplanung von Rheinland-Pfalz behandelt wird, so gelten die Ausführungen selbstverständlich analog für (fast) alle Bundesländer Deutschlands. Denn die meisten Ziele, die die oberste rheinland-pfälzische Landesplanungsbehörde verfolgt, haben sich sinngemäß auch die obersten Landesplanungsbehörden der anderen Bundesländer gesteckt. Dennoch ist es dem Lehrer überlassen, am Schluss der Unterrichtseinheit ein Bundesland herauszugreifen, dessen Wirtschaftsstruktur etwas anders als die rheinland-pfälzische ist (z. B. das immer noch stark von Industrie geprägte Nordrhein-Westfalen), und auf dortige spezifische Probleme der Landesplanung einzugehen.

Die Schüler sollen im Atlas eine physische Karte aufschlagen, auf der Rheinland-Pfalz in möglichst großem Maßstab dargestellt ist. An Stelle der Atlas-Benutzung ist es auch möglich, eine Wandkarte von Rheinland-Pfalz aufzuhängen. Zunächst soll den Schülern bewusst werden, dass es in Rheinland-Pfalz Räume gibt, in denen einerseits viele Städte dicht beieinander und andererseits solche mit nur dünner Besiedlung liegen. Der Lehrer soll im Folgenden eine von M 4.1 (Karte: Raumstrukturgliederung) angefertigte Folie projizieren und die Begriffe „hoch verdichtete Räume", „verdichtete Räume" und „ländliche Räume" erläutern. Er soll an dieser Stelle auch auf das Landesentwicklungsprogramm im allgemeinen eingehen und z. B. erwähnen, welche öffentlich-rechtlichen Körperschaften und Institutionen bei der Erstellung des Programms mitgewirkt haben und angehört werden mussten, und welche Ziele das LEP III verfolgt (z. B. Schaffung einer dezentralen Siedlungsstruktur und gleichwertiger Lebensbedingungen in Rheinland-Pfalz). Sodann erscheint es sinnvoll, die Begriffe 'Zentrale Orte', 'Oberzentrum', 'Mittelzentrum' und 'Grundzentrum' zu behandeln und darauf hinzuweisen, dass eine der wesentlichen Aufgaben der zentralen Orte die Versorgung der Bevölkerung mit öffentlichen Dienstleistungen ist. Im wirtschaftlich benachteiligten ländlichen Raum ist die Versorgungsfunktion besonders wichtig.

Schon fast konträr zu der Karte „Raumstrukturgliederung" steht die Karte „ökologische Raumgliederung" (M 4.2), die der Lehrer im Folgenden zeigt. Die Schüler schlagen nun im Atlas eine Karte auf, die die Land- und Forstwirtschaft von Rheinland-Pfalz zeigt. (In manchen Atlanten gibt es zu diesem Thema keine spezielle Karte von Rheinland-Pfalz; die Schüler nehmen in diesem Fall die Karte, die die Land- und Forstwirtschaft von ganz Deutschland zeigt, und auf der Rheinland-Pfalz insofern mit abgebildet ist.) Sodann sollen die Schüler selbst herausarbeiten, wie die rheinland-pfälzischen „Sicherungsräume", die „Sanierungsräume" und die „Entwicklungsräume" derzeit land- bzw. forstwirtschaftlich genutzt werden. Dabei wird beispielsweise deutlich, dass es sich bei vielen Sicherungsräumen um größere geschlossene Waldflächen handelt. Sanierungsräume sind oft gekennzeichnet durch eine dichte Besiedlung oder eine intensive Landwirtschaft (vgl. z. B. das Oberrheinische Tiefland mit großflächigem Weinbau und Obstpflanzungen).

Mit der ökologischen Raumgliederung steht der Arten- und Biotopschutz in engem Zusammenhang (M 4.3). Der Lehrer erklärt, was man beim Arten- und Biotopschutz unter „landesweit bedeutsamen Kernräumen" versteht. Weiterhin projiziert der Lehrer die Karte „Landesweit bedeutsame Gewerbestandorte sowie Standortbereiche mit besonderen Entwicklungsimpulsen" (M 4.4) als Folie an die Wand. Möglich ist es auch, diese Karte als S-W-Fotokopie den Schülern auszuteilen. Von besonderem Interesse sind hier die durch ein Quadrat gekennzeichneten „zu entwickelnden landesweit bedeutsamen Gewerbestandorte". Die Schüler sollen überlegen, welche Industrie- und Gewerbebetriebe an den einzelnen Standorten neu angesiedelt bzw. weiter gefördert werden könnten. (In Betracht kommen vor allem kleinere Betriebe, wie z. B. Reparaturwerkstätten für Pkws und landwirtschaftliche Nutzfahrzeuge, Supermärkte sowie kleinere holzverarbeitende und chemische Betriebe.)

Auf der Karte ist u. a. die Stadt Montabaur ausgewiesen als ein „Standortbereich mit besonderen Entwicklungsimpulsen infolge Schienenschnellverkehr". Montabaur ist ab 2002 der einzige rheinland-pfälzische Bahnhof an der neu gebauten ICE-Strecke zwischen Frankfurt und

Unterrichtsvorschläge **D**

Köln. Die Schüler sollen überlegen, welche konkreten wirtschaftlichen Auswirkungen der neue Bahnhof Montabaur für die gesamte dortige Region haben kann. Bezüglich der Konversionsprojekte sollen die Schüler zunächst zusammenstellen, welche verschiedenen Arten von militärischen Anlagen durch den Abbau der Streitkräfte frei geworden sind (M 4.5). Sodann sollen sie erarbeiten, welche Formen von Neunutzungen hierfür in Betracht kommen (M 4.6).

4. Verlaufsplanung (4–5 Stunden)

Kurzerläuterungen	Materialien
• Einstieg/Motivation: Das Landesentwicklungsprogramm III von Rheinland-Pfalz	
• Hoch verdichtete Räume, verdichtete Räume, ländliche Räume	M 4.1; Tafelanschrieb 1
• Zentrale Orte: Ober-, Mittel- und Grundzentren	Tafelanschrieb 2
• Ökologische Raumgliederung von Rheinland-Pfalz	M 4.2 – 4.3
• Landesweit bedeutsame Gewerbestandorte	M 4.4
• Konversionsprojekte	M 4.5 – 4.6
• *Additum: Landesplanungsprogramm eines anderen Bundeslandes im Vergleich mit dem rheinland-pfälzischen Landesentwicklungsprogramm III*	

D.5 Raumordnung in der Europäischen Union

1. Lernziele

Die Schüler sollen
– erkennen, dass die wirtschaftlichen Bedingungen in den einzelnen Mitgliedstaaten der EU z. T. sehr unterschiedlich sind;
– lernen, in welchen Regionen der EU das Bruttoinlandsprodukt (BIP) pro Person überdurchschnittlich hoch ist und in welchen es (z. T. weit) unter dem Durchschnitt liegt;
– die drei Leitbilder des Europäischen Raumentwicklungskonzeptes (EUREK) kennen lernen;
– lernen, wie die Europäische Union über die „Agenda 2000" Einfluss auf die wirtschaftliche und räumliche Entwicklung der Mitgliedstaaten nimmt;
– Informationen über die Gemeinschaftsinitiative INTERREG II C erhalten.

2. Sachanalyse

• *Für die Raumordnung wichtige Ausgangsdaten zur Europäischen Union*

Die EU umfasst eine Fläche von ca. 4 Mio. km^2 (Stand: Januar 2004), und hier leben etwa 453 Mio. Menschen. Die Entfernungen zwischen den besonders weit auseinander liegenden Punkten der EU betragen oft mehrere Tausend Kilometer (M 5.1). Die EU ist, gemessen am Bruttoinlandsprodukt je Einwohner, nach Japan und den USA die drittreichste Wirtschaftsregion der Welt (M 5.2). Innerhalb der EU bestehen jedoch gravierende wirtschaftliche Unterschiede. Verbindet man auf einer Karte die Städte London, Paris, Mailand, München und Hamburg mit einer Linie, dann leben innerhalb dieses Polygons nicht einmal 40 % der Bewohner der EU. Sie erwirtschaften aber mehr als 50 % des Bruttoinlandsprodukts der EU. Im Süden der EU hingegen – von Portugal über Südspanien und Süditalien bis hin nach Griechenland – sowie in den neuen Ländern der Bundesrepublik Deutschland erreicht das Bruttoinlandsprodukt Werte pro Kopf, die z. T. bis zu 30 % unter dem EU-Durchschnitt liegen (M 5.3 und 5.4). Nicht viel besser sieht es in wirtschaftlicher Hinsicht in einigen Regionen an der nördlichen Peripherie der EU aus, z. B. in Finnland, in Nordnorwegen und in manchen Gebieten von Großbritannien. Eines der Hauptziele der EU ist, die vorhandenen wirtschaftlichen Disparitäten abzubauen und eine regional ausgewogene und nachhaltige Raumentwicklung zu erreichen (vgl. Titel 1 Art. 2 des Amsterdamer Vertrages). Zur Realisierung dieses Ziels soll vor allem das Europäische Raumentwicklungskonzept (EUREK) beitragen.

• *Zur Entstehungsgeschichte des EUREK*

Das EUREK ist das wichtigste Projekt der EU auf dem Gebiet der Raumordnung und wurde seit den 1980er Jahren gemeinsam von den vormals 15 Mitgliedstaaten und der Europäischen Kommission erarbeitet. Es wird auch noch weit ins 21. Jahrhundert hinein Gültigkeit haben. Fast hat es 10 Jahre gedauert, bis sich die Beteiligten auf dieses gemeinsame Dokument geeinigt haben. Die Idee, Ziele und Leitbilder für eine gemeinsame europäische Raumordnung zu erarbeiten, geht auf das erste informelle Treffen der für Raumordnung zuständigen Minister der (damals noch zwölf) Mitgliedstaaten im Jahre 1989 in Nantes zurück. Seit diesem Zeitpunkt treffen sich die europäischen Raumordnungsminister normalerweise zweimal pro Jahr. 1992 wurde ein Ausschuss für Raumentwicklung (Committee on Spatial Development – CSD) eingerichtet, in dem seither die EU-Mitgliedstaaten gemeinsam mit der Europäischen Kommission die Treffen der Raumordnungsminister vorbereiten. In den darauffolgenden Jahren wurde intensiv an einem Dokument zur Raumordnung gearbeitet, und schließlich konnte 1999 unter deutscher Präsidentschaft in Potsdam das EUREK in seiner endgültigen Fassung beschlossen werden. Mit dem EUREK liegt nun ein 'historisches' Dokument vor, in dem sich – auch im weltweiten Vergleich erstmalig – damals fünfzehn Staaten auf Leitbilder der Raumordnung und Perspektiven der Entwicklung ihres gemeinsamen Territoriums geeinigt haben.

• *Zum Inhalt des EUREK*

Als Ziel der EU wird, wie bereits erwähnt, im Amsterdamer Vertrag die Herbeiführung einer ausgewogenen und nachhaltigen Entwicklung im gesamten Unionsgebiet genannt. Es sollen die wirtschaftlichen und sozialen Ansprüche an den Raum mit den ökologischen und kulturellen Ansprüchen in Einklang gebracht werden, damit langfristig eine großräumig ausgewogene Raumentwicklung eintritt (vgl. *Schön* 2000, S. 11). Um dies zu realisieren, nennt das EUREK drei Leitbilder, die von allen Behörden zu beachten sind, und die sich direkt mit Raumordnung befassen:
1. Förderung einer polyzentrischen Raumentwicklung;
2. Förderung von Verkehrs- und Kommunikationssystemen, die die polyzentrische Raumentwicklung des EU-Gebietes unterstützen und eine wichtige Voraussetzung für die Einbindung der europäischen Städte und Regionen in die Wirtschafts- und Währungsunion darstellen;

Unterrichtsvorschläge

des weiteren sollen den Menschen im gesamten EU-Gebiet gleichwertige Zugangsmöglichkeiten zu Bildungs- und Weiterbildungseinrichtungen gewährt werden;
3. Entwicklung und Pflege der Natur und des Kulturerbes durch ein sorgfältiges Management; dies bezweckt die Bewahrung und Weiterentwicklung der regionalen Identität sowie die Erhaltung der natürlichen und kulturellen Vielfalt der Regionen und Städte der EU im Zeitalter der Globalisierung.

Tafelanschrieb 1: Die drei Leitbilder des EUREK

1. Polyzentrische Raumentwicklung
2. Förderung von Verkehrs- und Kommunikationssystemen
3. Pflege der Natur und des Kulturerbes

Das für die Raumordnung relevante *Leitbild der polyzentrischen Raumentwicklung* dient dazu, eine weitere übermäßige Konzentration von Wirtschaftskraft und Bevölkerung im Kernraum der EU zu verhindern (unter Kernraum versteht man das durch die Städte London, Paris, Mailand, München und Hamburg begrenzte Gebiet). In der EU sollen weitere Städte und Regionen zu wirtschaftlichen Zentren von Weltrang ausgebaut werden, damit auch in den Randgebieten der EU mehr wirtschaftlicher Wohlstand entsteht. Ein besonderes Augenmerk kommt dabei den sog. „gateway-Städten" zu, die, von anderen Kontinenten aus gesehen, einen wichtigen Zugang zur EU bilden. Gemeint sind damit vor allem große Seehäfen, Messestädte und Städte mit internationalen Flughäfen, wie z. B. Lissabon, Barcelona, Athen, Kopenhagen und Berlin. Als Vorbild für die geplante polyzentrische Entwicklung in der EU dient den Mitgliedstaaten dabei die USA, wo es nicht nur – wie derzeit in der EU – eine einzige weltweit bedeutende Wirtschaftsregion gibt, sondern mindestens vier; gemeint sind damit die Westküste (Kalifornien), die Ostküste, der Südwesten (Texas) und der Mittlere Westen.

Zum für die Raumordnung einschlägigen Leitbild der polyzentrischen Raumentwicklung zählt jedoch nicht nur die Schaffung neuer Wirtschaftsregionen von Weltrang in der EU. Hierzu gehört auch der Ausbau von Netzen kleinerer Städte in dünn besiedelten oder wirtschaftlich schwachen Regionen. Durch die Schaffung neuer Arbeitsplätze in diesen Städten im sekundären und tertiären Sektor soll eine Abwanderung der Menschen in die Großstädte verhindert werden.

Des weiteren soll das Leitbild der polyzentrischen Raumentwicklung nicht nur Auswirkungen auf die Entwicklung der Städte ausüben, sondern auch auf die ländlichen Räume. Ebenfalls für die ländlichen Räume wird eine Verbesserung der wirtschaftlichen Bedingungen angestrebt, z. B. durch die Einführung neuer, hochwertiger landwirtschaftlicher Produkte, neue Strategien zur Vermarktung der agrarischen Produkte und Förderung des Tourismus.

Die in einem weiteren Leitbild genannte *Förderung von Verkehrs- und Kommunikationssystemen* bzw. der Ausbau der Verkehrswege ist eine wichtige Voraussetzung zur Verwirklichung des ersten Leitbildes. Damit eine von der Raumordnung angestrebte polyzentrische Raumentwicklung stattfinden kann, müssen die städtischen Zentren optimal durch Straßen und Eisenbahnen miteinander verbunden werden. In diesem Zusammenhang soll bei der weiteren Ergänzung des Transeuropäischen Verkehrsnetzes (TEN) denjenigen Regionen erhöhte Beachtung geschenkt werden, die auf Grund ihrer Halbinsel- oder Insellage besonders weit vom Kernraum der EU entfernt sind (M 5.5).

Zur Stärkung der Wirtschaft in der EU wird nicht nur der Ausbau der Verkehrswege als eine wichtige Maßnahme angesehen, sondern auch die Verbesserung der Ausbildung der Bürger. Daher werden die Regierungen aufgefordert, den Ausbau der Bildungs- und Weiterbildungseinrichtungen zu fördern und den Bürgern die Bedeutung einer optimalen Ausbildung noch stärker als bisher vor Augen zu führen.

Zur *Pflege der Natur und des Kulturerbes*: In der 1998 von der Kommission verabschiedeten „Europäischen Strategie für Biodiversität" heißt es, dass die Raumordnung eine wichtige Rolle bei der Bewahrung der biologischen Vielfalt in Europa spielen kann. Die *Natur* wird von unterschiedlichen Faktoren ständig bedroht. Jedoch können nicht alle Gebiete als spezielle Schutzzonen (z. B. zu Naturschutzgebieten) ausgewiesen und damit unter einen strengen Schutz gestellt werden. Daher wird es in Zukunft immer bedeutender, gefährdete Gebiete zumindest dadurch zu schützen, dass die Raumordnung hierfür bestimmte Raumentwicklungskonzepte erarbeitet.

Das *kulturelle Erbe* Europas – von den allmählich entstandenen Kulturlandschaften in ländlichen Gebieten bis hin zu den historischen Stadtzentren – spiegelt die Geschichte in bestimmten Regionen wider. Ähnlich wie bei der Natur kann das kulturelle Erbe nicht immer unter einen besonders strengen Schutz gestellt werden (z. B. unter Denkmalschutz). Jedoch sind auch die nicht speziell geschützten historischen Kulturlandschaften (etwa Landschaften mit Hecken, Weinbergterrassen, Deichen oder bestimmten Dorfformen) z. B. für den Tourismus von zunehmender Bedeutung. Sie sollen zukünftig zumindest teilweise dadurch geschützt werden, dass man ihren kulturellen und wirtschaftlichen Wert im Rahmen der Raumordnung höher einstuft als bisher. Wenn es oft aus wirtschaftlichen Gründen auch notwendig ist, die Ansiedlung neuer Industrie- und Gewerbebetriebe in diesen Landschaften zuzulassen, so soll durch spezielle Raumentwicklungskonzepte doch erreicht werden, dass diese Landschaften nicht allzu stark umgestaltet und/oder wenigstens teilweise erhalten bleiben.

• *Die Agenda 2000*

Eines der wichtigsten Mittel der EU zur Realisierung von Zielen der Raumordnung ist die Gewährung von Finanzhilfen für bestimmte Regionen oder Projekte. Etwa ein Drittel der Haushaltsmittel der EU dient der sog. Strukturförderung, die das im EG-Vertrag verankerte Ziel hat, die wirtschaftlichen Unterschiede in den Regionen der EU zu verringern. Dies ist gleichzeitig, wie in den vorangehenden Kapiteln dargelegt wurde, auch eines der wichtigsten Raumordnungsziele in der EU.

Im März 1999 haben die Mitgliedstaaten der EU nach zweijährigen Verhandlungen die „Agenda 2000" beschlossen, die für die Strukturpolitik folgende *drei Förderziele* nennt:
– Ziel 1: Förderung der Entwicklung und der strukturellen Anpassung der Regionen mit Entwicklungsrück-

33

Unterrichtsvorschläge

stand. Das sind solche Regionen, in denen das Bruttoinlandsprodukt unter 75% des EU-Durchschnitts liegt.
- Ziel 2: Förderung der wirtschaftlichen und sozialen Umstellung der Gebiete mit Strukturproblemen. Darunter fallen Industriegebiete, ländliche Räume und städtische Problemgebiete.
- Ziel 3: Förderung der Anpassung und Modernisierung der Bildungs-, Ausbildungs- und Beschäftigungssysteme.

Tafelanschrieb 2: Die drei Ziele der EU-Strukturpolitik

> 1. Förderung der strukturellen Anpassung der Regionen mit Entwicklungsrückstand
> 2. Förderung der wirtschaftlichen und sozialen Umstellung der Gebiete mit Strukturproblemen
> 3. Förderung der Modernisierung der Bildungs-, Ausbildungs- und Beschäftigungssysteme

Zu den einzelnen Zielen sei folgendes angemerkt: Im Rahmen von Ziel 1 geht es um die Bekämpfung großräumiger Wohlstandsunterschiede, insbesondere *zwischen* den Mitgliedstaaten. Das Schwergewicht von Ziel 2 liegt auf der Bekämpfung von wirtschaftsstrukturellen Anpassungsproblemen *innerhalb* der Mitgliedstaaten. Ziel-1-Regionen und Ziel-2-Regionen sind genau abgegrenzt und schließen einander aus. Ziel 3 ist arbeitsmarktpolitisch orientiert und kommt nur außerhalb von Ziel-1-Gebieten zur Anwendung. In der Förderung von Ziel-1-Gebieten sind arbeitspolitische Maßnahmen bereits eingeschlossen.

Diese drei Ziele sollen mit Hilfe des Strukturfonds der EU verwirklicht werden. Weiterhin ist beabsichtigt, mit dem Strukturfonds neben diesen drei Zielen noch sog. „Gemeinschaftsinitiativen" zu unterstützen. Mit den Gemeinschaftsinitiativen soll ebenfalls die Raumordnung auf der Ebene der EU gefördert werden (vgl. zu den Gemeinschaftsinitiativen das nächste Kapitel bzgl. „INTERREG II C").
Die Höhe des Strukturfonds beträgt für den Zeitraum 2000-2006 (7 Jahre) ca. 194 Mrd. ECU (1 ECU = 1 EUR). Wie das Geld sich auf die einzelnen Mitgliedstaaten, und somit auch auf die Bundesrepublik Deutschland, verteilt, geht aus M 5.6 hervor.

• *Die Gemeinschaftsinitiative „INTERREG II C"*
Eine der für die Raumordnung wichtigsten Gemeinschaftsinitiativen ist INTERREG II C. Gemäß der Initiative INTERREG II C haben sich 1996 mehrere Regionen, die geographisch und wirtschaftlich gesehen in enger Verbindung miteinander stehen, zu sieben Kooperationsräumen zusammengeschlossen, um ihre raumordnerischen und wirtschaftlichen Probleme besser lösen zu können (M 5.7). Diese sieben Kooperationsräume sollen noch mehrere Jahrzehnte bestehen bleiben. Die offiziellen Namen der Kooperationsräume lauten:

Tafelanschrieb 3: Kooperationsräume gemäß INTERREG II C

> 1. Nordseeraum
> 2. Nordwesteuropäischer Metropolraum
> 3. Südwesteuropa
> 4. Mitteleuropäischer, Adriatischer, Donau- und Südosteuropäischer Raum
> 5. Ostseeraum
> 6. Westliches Mittelmeer und Südalpen
> 7. Atlantischer Raum

3. Didaktisch-methodische Gestaltung

Zunächst veranschaulicht der Lehrer an Hand von M 5.1 die Ausdehnung der Europäischen Union. Beispielsweise beträgt die Entfernung von Südspanien nach Nordfinnland ca. 4000 km, von Nordirland nach Kreta etwa 3700 km und von Athen nach Lissabon ungefähr 3100 km. Die EU ist, gemessen am Bruttoinlandsprodukt je Einwohner, nach Japan und den USA die drittreichste Wirtschaftsregion der Welt (M 5.2).
Dann erläutert der Lehrer, dass die wirtschaftliche Situation innerhalb der EU keineswegs überall gleich ist, sondern sehr verschieden ausfällt. Er erklärt, dass der wirtschaftliche Wohlstand einer Region üblicherweise an der Höhe des Bruttoinlandsprodukts pro Person gemessen wird. Das Bruttoinlandsprodukt ist die Summe aller innerhalb eines Jahres erbrachten volkswirtschaftlichen Leistungen in einer bestimmten Region. Diese Summe wird durch die Anzahl der in der Region lebenden Menschen dividiert, und daraus ergibt sich das BIP je Person (bzw. pro Kopf).
Sodann zeigt der Lehrer an Hand von M 5.3, in welchen Gebieten der EU das BIP je Person und damit auch der wirtschaftliche Wohlstand groß ist (rote Flächen) und wo er weit unter dem Durchschnitt liegt (blaue Flächen). Auffallend sind dabei die überdurchschnittlich hohen Werte in Mitteleuropa und die z. T. sehr niedrigen Werte in den Randgebieten der EU, z. B. in Spanien, Süditalien, Griechenland, Irland, Nordschweden und Finnland. In Ergänzung hierzu bringt der Lehrer die in M 5.4 aufgeführten Zahlen.
Er verweist nun auf den Amsterdamer Vertrag, wonach eines der Hauptziele ist, diese Ungleichheiten (Disparitäten) abzubauen. Mit Hilfe einer ausführlich geregelten Raumordnung soll erreicht werden, dass sich der Wohlstand in Mitteleuropa nicht einseitig erhöht, sondern dass auch in den Randbereichen der EU Wirtschaftszentren von weltweiter Bedeutung entstehen, vor allem in den sog. gateway-Städten (vgl. S. 33). Die Schüler sollen selbst überlegen, welche Städte hier in Frage kommen, und Beispiele nennen (gemeint sind u. a. die Städte Lissabon, Barcelona, Athen, Kopenhagen und Berlin).
Der Lehrer erläutert, dass eines der Mittel zur Erreichung dieses Zieles ('Disparitäten-Abbau') der Europäischen Raumordnung das Europäische Raumentwicklungskonzept (EUREK) ist, das die EU-Staaten 1999 verabschiedet haben. Im Folgenden bespricht er ausführlich die drei Leitbilder des EUREK (Tafelanschrieb 1). Im Zusammenhang mit dem zweiten Leitbild zeigt der Lehrer auf, welche Großprojekte im Bereich des Neu- und Ausbaus der Straßen und Bahnlinien in den nächsten Jahren durch die EU besonders gefördert werden (M 5.5).

Zweifellos ist es sehr erfreulich, dass sich die EU-Staaten nach fast zehnjährigen Beratungen auf die drei Leitbilder zur europäischen Raumordnung geeinigt haben. Dennoch soll der Lehrer die Schüler aber auch auffordern, kritisch zu den Leitbildern Stellung zu nehmen. Einer der Schwachpunkte mancher Leitbilder (vor allem der Leitbilder 1 und 3) ist sicherlich, dass die Formulierungen mitunter ziemlich allgemein gehalten sind. Es wird sich in den nächsten Jahren zeigen, ob mit den Leitbildern die gesteckten Ziele tatsächlich erreicht werden können.

Anschließend geht der Lehrer auf die für die europäische Raumordnung bedeutende Agenda 2000 ein. Er bespricht die drei Ziele der Agenda 2000 (Tafelanschrieb 2) und zeigt auf, welche z. T. sehr großen Geldbeträge die einzelnen Mitgliedstaaten zwischen 2000 und 2006 erhalten werden (M 5.6). Dann erläutert er anhand von M 5.8, wo sich in Deutschland „Ziel-1-Fördergebiete", „Ziel-2-Fördergebiete" und „Ziel-3-Fördergebiete" befinden. Bezüglich der „Ziel-2-Fördergebiete" sollen die Schüler versuchen selbst herausarbeiten, um welche Landschaften es sich handelt und warum gerade dort die wirtschaftlichen Probleme besonders groß sind. Die deutschen „Ziel-1-Gebiete" werden zwischen 2000 und 2006 mit 19,229 Mrd. ECU unterstützt, die deutschen „Ziel-2-Gebiete" mit 2,984 Mrd. ECU und die deutschen „Ziel-3-Gebiete" mit 4,581 Mrd. ECU.

Schließlich befasst sich der Lehrer mit der Gemeinschaftsinitiative INTERREG II C (M 5.7 und Tafelanschrieb 3). Die Schüler sollen für einige Kooperationsräume erarbeiten, inwiefern die Teilgebiete der Kooperationsräume geographisch und wirtschaftlich gesehen eng miteinander verbunden sind.

4. Verlaufsplanung (4 – 5 Stunden)

Kurzerläuterungen	Materialien
• Einstieg/Motivation: Raumordnung ist nicht nur eine deutsche Aufgabe, sondern Aufgabe der gesamten EU	M 5.1
• Wirtschaftliche Disparitäten in der EU	M 5.2 – 5.4
• Das EUREK und seine 3 Leitbilder	Tafelanschrieb 1, M 5.5
• Die Agenda 2000 und die 3 Förderziele der EU-Strukturpolitik	Tafelanschrieb 2, M 5.6; 5.8
• Die Gemeinschaftsinitiative INTERREG II C	M 5.7, Tafelanschrieb 3

Anmerkung: Die im vorliegenden Band abgedruckten Karten M 5.3, M 5.5, M 5.7 und M 5.8 geben den Stand von 2002 wieder. Entsprechende Aktualisierungen sind aufgrund der komplizierten Situation in der EU z. Zt. nicht möglich.

Neueres Zahlen- bzw. Kartenmaterial können die Schüler im Rahmen einer Internetrecherche finden. Neueste Angaben zur EU können unter *www.eu-kommission.de* in Erfahrung gebracht werden.

Zur Arbeit mit den Medien

Wie der Einsatz der in diesem Band (wie auch in den übrigen Bänden dieser Reihe) angebotenen Medien/Materialien gedacht ist, ist durch entsprechende Hinweise im Rahmen methodischer Erläuterungen oder/und verlaufsbezogener Aussagen angegeben. Methodische Einzelschritte und dgl. sind dagegen nur in besonderen Fällen ausgegliedert; ausführliche Angaben, insbesondere bestimmte Standardschrittfolgen für die Handhabung einzelner Medien, befinden sich jeweils im entsprechenden Kapitel der ersten drei Bände dieser Reihe.

F Materialien zu den Unterrichtsvorschlägen

Verzeichnis der Materialien (mit Quellennachweisen)

A	=	Abbildung, Karte o. ä.
S	=	Statistische Übersicht, Tabelle o. ä.
T	=	(Arbeits-) Text
(t)	=	Das betreffende Material befindet sich nicht im gehefteten Medienteil, sondern in der Medientasche im Anhang

M 1.1	A	Plangebiete
M 1.2	A	Luftbild mit Plangebietsgrenzen
M 1.3	A	Flächennutzungsplan der Stadt Bonn
M 1.4	A	Baustruktur
M 1.5	A	Verkehrserschließung
M 1.6	A	Ausgleichsmaßnahmen
M 1.7	A	Klimaanalyse und klimaökologische Hinweise
M 1.8	A	Gesamtdarstellung

Herausgeber der Abbildungen M 1.1 – M 1.8 ist das Stadtplanungsamt von Bonn. Die Abbildungen sind Teile der Bebauungspläne Nr. 7322-12 („An Justin Hütten – Auf dem Donnerspfad") und Nr. 7322-13 („In der Pützfläche"). Erscheinungsjahr: 2000.

M 2.1	T	Die Ausbrüche im Laacher Vulkangebiet (aus: MEYER, 1988, S. 12)
M 2.2	A	Vulkanparkrouten (aus: DER VULKANPARK IM LANDKREIS MAYEN-KOBLENZ. Hrsg.: Wirtschaftsförderungsgesellschaft am Mittelrhein mbH. Koblenz, 2000, Rückseite des Heftes).
M 2.3	T	Projekt „Informationszentrum Rauschermühle" (aus: DER VULKANPARK IM LANDKREIS MAYEN-KOBLENZ. Hrsg.: Wirtschaftsförderungsgesellschaft am Mittelrhein mbH. Koblenz, 2000, S. 5).
M 2.4	T	Projekt „Rauscherpark" (aus: DER VULKANPARK IM LANDKREIS MAYEN-KOBLENZ. Hrsg.: Wirtschaftsförderungsgesellschaft am Mittelrhein mbH. Koblenz, 2000, S. 11).
M 2.5	T	Projekt „Mayener Grubenfeld" (aus: DER VULKANPARK IM LANDKREIS MAYEN-KOBLENZ. Hrsg.: Wirtschaftsförderungsgesellschaft am Mittelrhein mbH. Koblenz, 2000, S. 11).
M 2.6	T	Zeitungsausschnitt: Basaltlava-Abbau und umfangreiche Bierproduktion (aus: HEIMAT ZWISCHEN HUNSRÜCK UND EIFEL. März 1967, Nr.11, S. 8).
M 2.7	T	Projekt „Wingertsbergwand" (aus: DER VULKANPARK IM LANDKREIS MAYEN-KOBLENZ. Hrsg.: Wirtschaftsförderungsgesellschaft am Mittelrhein mbH. Koblenz, 2000, S. 7).
M 2.8	T	Projekt „Trassgrube Meurin" (aus: DER VULKANPARK IM LANDKREIS MAYEN-KOBLENZ. Hrsg.: Wirtschaftsförderungsgesellschaft am Mittelrhein mbH. Koblenz, 2000, S. 9).
M 2.9	T	Kleines Glossar zu den geologischen Begriffen (aus: DIERCKE-Wörterbuch Allgemeine Geographie. München 1998)

M 3.1	A	Lausitzer Braunkohlenrevier (aus: DEBRIV, Hrsg., 2000: Braunkohle. Ein Industriezweig stellt sich vor. Köln, S. 28).
M 3.2	A	Geologisches Profil (aus: MIBRAG, Hrsg., 1996: Broschüre Tagebauprofile. Theißen).
M 3.3	A	Beschäftigte im Braunkohlenbergbau des Lausitzer Reviers (Auskunft: DEBRIV).
M 3.4	T	Zeitungsartikel „Lichtblick" (aus: Impulse Ost, 1996, S. 18).
M 3.5	A	Die Planungsregion Oberlausitz-Niederschlesien
M 3.6	S/T	Verfahrensschritte bei Braunkohlenplanverfahren (aus: BRAUNKOHLENPLANUNG UND UMSIEDLUNGSPROBLEMATIK IN DER RAUMORDNUNGSPLANUNG BRANDENBURGS, NORDRHEIN-WESTFALENS, SACHSENS UND SACHSEN-ANHALTS, Hrsg.: Akademie für Raumforschung und Landesplanung, 2000. Hannover, S. 36).
M 3.7	A	Abbau des Kohlenflözes im Tagebau Jänschwalde der LAUBAG (aus: LAUBAG, Hrsg., 1998: Zeugen der Eiszeit in der Lausitz. Senftenberg, S. 10).
M 3.8	S	Umsiedlungen in den deutschen Abbaugebieten von Braunkohle (aus: BRAUNKOHLENPLANUNG UND UMSIEDLUNGSPROBLEMATIK IN DER RAUMORDNUNGSPLANUNG BRANDENBURGS, NORDRHEIN-WESTFALENS, SACHSENS UND SACHSEN-ANHALTS, Hrsg.: Akademie für Raumforschung und Landesplanung, 2000. Hannover, S. 48).
M 3.9	S/T	Regionalplanerischer Variantenvergleich zu möglichen Standorten für „Neu-Heuersdorf" (aus: BRAUNKOHLENPLANUNG UND UMSIEDLUNGSPROBLEMATIK IN DER RAUMORDNUNGSPLANUNG BRANDENBURGS, NORDRHEIN-WESTFALENS, SACHSENS UND SACHSEN-ANHALTS, Hrsg.: Akademie für Raumforschung und Landesplanung, 2000. Hannover, S. 154 f.).
M 3.10	S/T	Vergleich des Entschädigungsverfahrens im Rahmen der Braunkohlenplanung zwischen Sachsen und Nordrhein-Westfalen (aus: BRAUNKOHLENPLANUNG UND UMSIEDLUNGSPROBLEMATIK IN DER RAUMORDNUNGSPLANUNG BRANDENBURGS, NORDRHEIN-WESTFALENS, SACHSENS UND SACHSEN-ANHALTS, Hrsg.: Akademie für Raumforschung und Landesplanung, 2000. Hannover, S.119 ff.).
M 3.11	A	Grundwasserabsenkungstrichter des Lausitzer Braunkohlenreviers; Differenz der Grundwasserstände 1996 und der Grundwasserstände vor dem Bergbau (aus: LMBV, Hrsg., 1997: Restlochflutung. Berlin).
M 3.12	A	Nicht rekultivierte Abraumhalden, die wie eine Mondlandschaft anmuten. (aus: LMBV, Hrsg., 1999. Wandlungen. Berlin, S. 6).
M 3.13	S	Flutungen von Tagebauseen. Die Zeitschiene mit den dünnen Schrägstrichen verdeutlicht die Zeitdauer der Flutung der Tagebaurestlöcher, wenn sie der Natur überlassen bleibt (gemeint ist damit der vom Menschen unbeeinflusste Grundwasseranstieg). Die Zeitschiene mit den dicken Schrägstrichen zeigt zum Vergleich, dass durch Fremdflutung ehemalige Tagebaue bedeutend früher einer Folgenutzung zugeführt werden können. (aus: LMBV, Hrsg., 1997, S.6).
M 3.14	A	Wasserüberleitung vom Speicherbecken Dreiweibern zum Speicherbecken Lohsa II (aus: LMBV, Hrsg., 1997: Restlochflutung. Berlin, S. 41).
M 3.15	T/A	Bericht der Deutschen Presseagentur „Klein-Amsterdam im ehemaligen Lausitzer Kohlenrevier". Der Bericht ist in verkürzter Form am 1.2.2001 in der Frankfurter Allgemeinen Zeitung (FAZ) in einem Artikel erschienen, der die Überschrift „Tauchstation im Kohlervier" hat. Foto: © Detlef Hecht.
M 3.16	S	Vorherrschende Baumarten bei der Aufforstung der Lausitzer Kippen; Angaben in % (Auskunft: LAUBAG).

Materialien zu den Unterrichtsvorschlägen **F**

M 4.1	A	Raumstrukturgliederung (aus: LANDESENTWICKLUNGSPROGRAMM III VON RHEINLAND-PFALZ, Karte 2).
M 4.2	A	Ökologische Raumgliederung (aus: LANDESENTWICKLUNGSPROGRAMM III VON RHEINLAND-PFALZ, Karte 3).
M 4.3	A	Arten- und Biotopschutz; landesweit bedeutsame Kernräume und Vernetzungsachsen (aus: LANDESENTWICKLUNGSPROGRAMM III VON RHEINLAND-PFALZ, Karte 13).
M 4.4	A	Landesweit bedeutsame Gewerbestandorte sowie Standortbereiche mit besonderen Entwicklungsimpulsen (aus: LANDESENTWICKLUNGSPROGRAMM III VON RHEINLAND-PFALZ, Karte 15).
M 4.5	S	Militärische Objektnutzungen (aus: RAUMORDNUNGSBERICHT 1998 DER LANDESREGIERUNG RHEINLAND-PFALZ, 1998, S. 229).
M 4.6	S/T	Umnutzungsmöglichkeiten für militärische Einrichtungen (aus: KONVERSION, FLÄCHENNUTZUNG UND RAUMORDNUNG. Hrsg.: Bundesforschungsanstalt für Landeskunde und Raumordnung. = Materialien zur Raumentwicklung, Heft 59. Bonn 1993).
M 5.1	A	Entfernungen innerhalb der EU (Entwurf: R. Graafen).
M 5.2	S	Statistischer Vergleich EU–USA–Japan. (nach: FISCHER WELTALMANACH 2004, Frankfurt 2003).
M 5.3	A	Bruttoinlandsprodukt (aus: EUREK – EUROPÄISCHES RAUMENTWICKLUNGSKONZEPT, 1999, S. 8).
M 5.4	S	Basisdaten für die Beitrittsstaaten und Mitgliedstaaten (nach: FISCHER WELTALMANACH 2004, Frankfurt 2003).
M 5.5	A	Die 14 vorrangigen Projekte der transeuropäischen Verkehrsnetze (aus: EUREK - EUROPÄISCHES RAUMENTWICKLUNGSKONZEPT, 1999, S. 15).
M 5.6	S	Aufteilung der Strukturfondsmittel 2000-2006 (aus: NEUEDER. In: Informationen zur Raumentwicklung, 2000, S. 90).
M 5.7	A	INTERREG II C – Allgemeine Programme zur Zusammenarbeit (aus: EUREK – EUROPÄISCHES RAUMENTWICKLUNGSKONZEPT, 1999, S. 42).
M 5.8	A	Gebiete der europäischen Strukturpolitik in Deutschland (aus: ELTGES. In: Informationen zur Raumentwicklung, 2000, S. 95).

Hinweis:

Alle hier abgedruckten Materialien sind als PDF-Datei (z. T. in Farbe) auf der beiliegenden CD-ROM. Aus technischen Gründen ist der Abdruck verschiedener Materialien im Buch entweder nur stark verkleinert bzw. in schwarz/weiß möglich. Die Druckwiedergabe ist daher nicht immer präzise. Dennoch ist es für den Lehrer eine große Hilfe, wenn er beim Durchlesen der Texte zunächst auf den Druck zurückgreifen kann.
Zur Herstellung von Folien bzw. Arbeitsmaterialien für den Unterricht sollte der Lehrer jedoch auf die qualitativ besseren Vorlagen der CD-ROM zurückgreifen.

M 1.1	Plangebiete

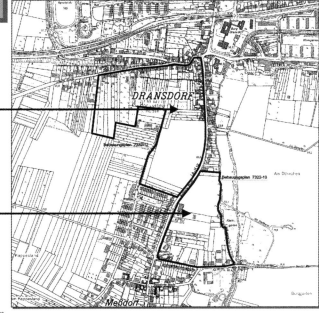

M 1.2	Luftbild mit Plangebietsgrenzen

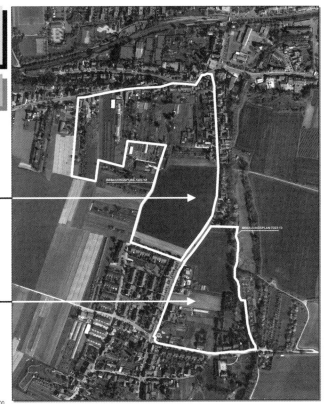

| M 1.3 | Flächennutzungsplan der Stadt Bonn |

Stadtbezirk Bonn, Ortsteil Dransdorf und Lessenich

Bebauungsplan Nr. 7322-12 „An Justin Hütten - Auf dem Donnerspfad"
Bebauungsplan Nr. 7322-13 „In der Pützfläche"

Flächennutzungsplan der Stadt Bonn

Legende
Hellgelb   Landwirtschaftliche Nutzflächen
Dunkelgelb Geplante Straßen und sonstige geplante Verkehrsflächen
Blassrot   Flächen für öffentliche Bauten (z.B. Kindergarten, Schule, Kirche)
Lila   Flächen für Bahnanlagen
Grün   Grünflächen

© Bundesstadt Bonn, Stadtplanungsamt, August 2000

| M 1.4 | Baustruktur |

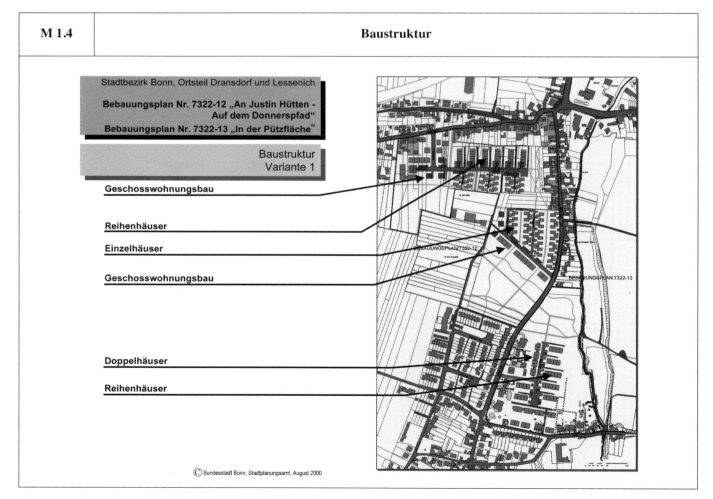

© Bundesstadt Bonn, Stadtplanungsamt, August 2000

| M 1.5 | Verkehrserschließung |

Stadtbezirk Bonn, Ortsteil Dransdorf und Lessenich

Bebauungsplan Nr. 7322-12 „An Justin Hütten - Auf dem Donnerspfad"
Bebauungsplan Nr. 7322-13 „In der Pützfläche"

Verkehrserschließung
Variante 1

- Erschließungsstraße
- Wohnwege
- Erschließungsstraße
- Fußwege / Radwege / Wirtschaftswege
- Wohnwege
- Erschließungsstraße

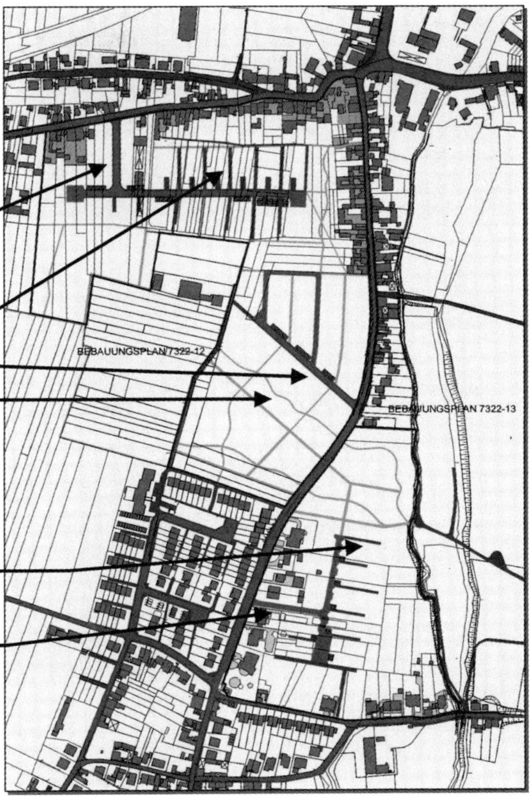

© Bundesstadt Bonn, Stadtplanungsamt, August 2000

| M 1.6 | Ausgleichsmaßnahmen |

Stadtbezirk Bonn, Ortsteil Dransdorf und Lessenich

Bebauungsplan Nr. 7322-12 „An Justin Hütten - Auf dem Donnerspfad"
Bebauungsplan Nr. 7322-13 „In der Pützfläche"

Ausgleichsmaßnahmen

- Wiederherstellung charakteristischer Ortsrandausbildungen mit Gärten und Dungwegen
- Aufwertung der gärtnerischen und landwirtschaftlichen Kulturlandschaft durch extensive Obstweiden und Wiesen
- Anpassung von Wegen und Versickerungsmulden an die Oberflächengestalt
- Erhaltung wertvoller Einzelbäume und Gehölzstrukturen

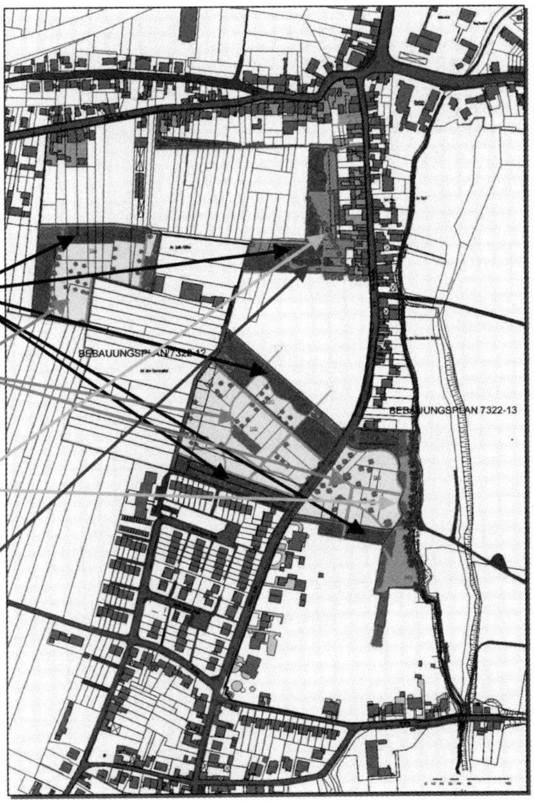

© Bundesstadt Bonn, Stadtplanungsamt, August 2000

M 1.7	Klimaanalyse und klimaökologische Hinweise

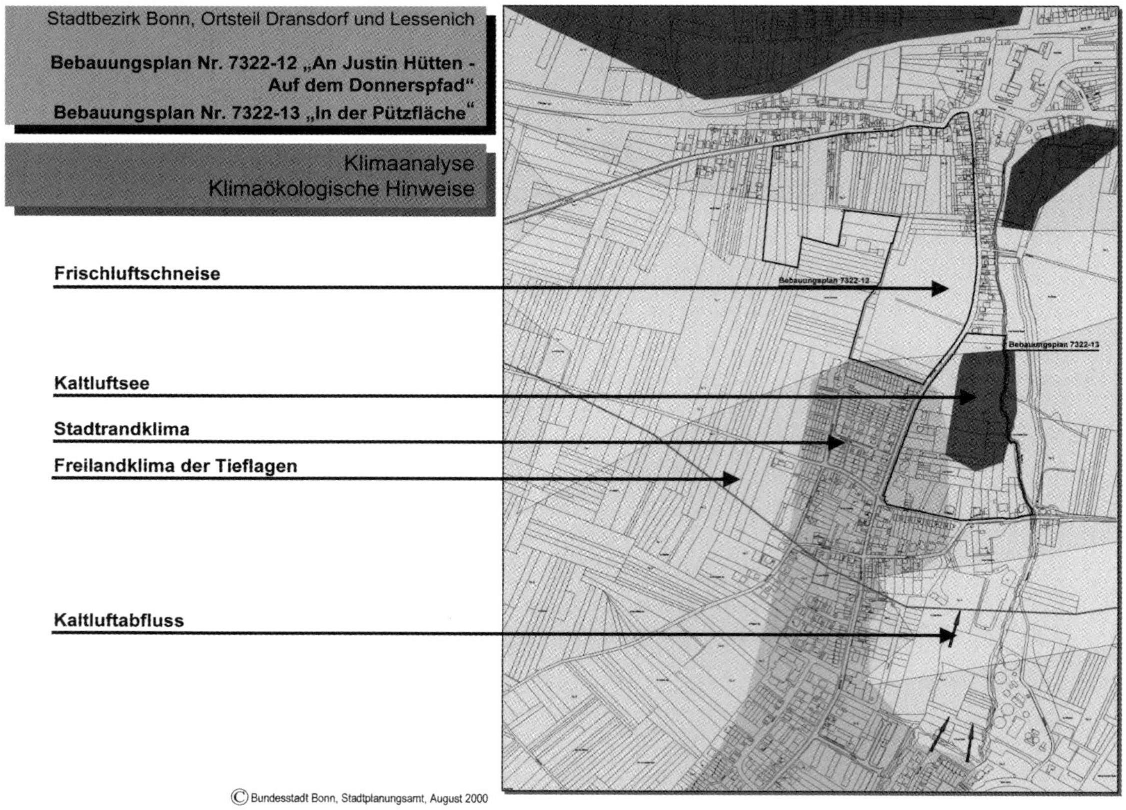

Stadtbezirk Bonn, Ortsteil Dransdorf und Lessenich
Bebauungsplan Nr. 7322-12 „An Justin Hütten - Auf dem Donnerspfad“
Bebauungsplan Nr. 7322-13 „In der Pützfläche“
Klimaanalyse
Klimaökologische Hinweise
Frischluftschneise
Kaltluftsee
Stadtrandklima
Freilandklima der Tieflagen
Kaltluftabfluss
Bebauungsplan 7322-12
Bebauungsplan 7322-13

© Bundesstadt Bonn, Stadtplanungsamt, August 2000

M 1.8	Gesamtdarstellung

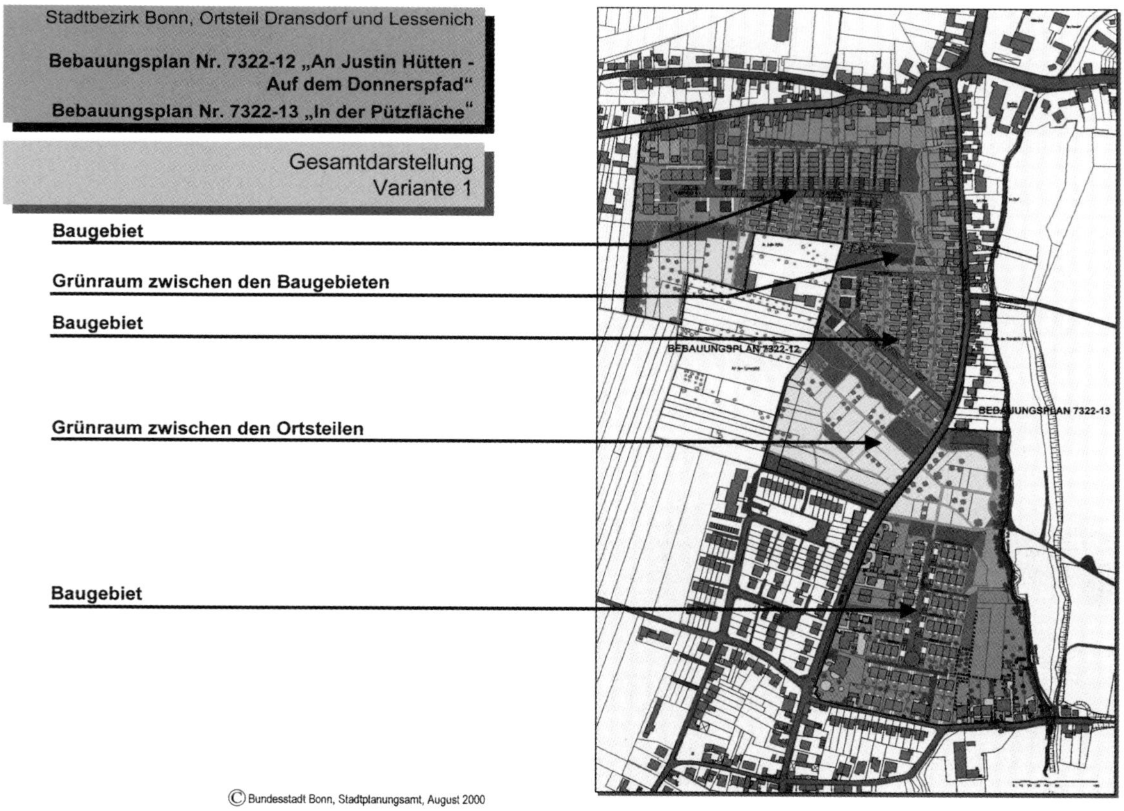

Stadtbezirk Bonn, Ortsteil Dransdorf und Lessenich
Bebauungsplan Nr. 7322-12 „An Justin Hütten - Auf dem Donnerspfad“
Bebauungsplan Nr. 7322-13 „In der Pützfläche“
Gesamtdarstellung
Variante 1
Baugebiet
Grünraum zwischen den Baugebieten
Baugebiet
Grünraum zwischen den Ortsteilen
Baugebiet
BEBAUUNGSPLAN 7322-12
BEBAUUNGSPLAN 7322-13

© Bundesstadt Bonn, Stadtplanungsamt, August 2000

M 2.1	Die Ausbrüche im Laacher Vulkangebiet

Das Becken des *Laacher Sees* ist eine vulkanotektonische Senke. Es bestand schon bevor die großen Bimseruptionen hier erfolgten, denn der Basaltvulkan Alte Burg hat seine Basis im Niveau des heutigen Seespiegels oder sogar noch tiefer. Am Lorenzfelsen ist Lava in das Becken hinabgeflossen. Die Vulkantätigkeit im Laacher Gebiet endet mit der Förderung trachytischer *Bimstuffe* im Bereich des Laacher Kessels und seiner südlichen Umgebung. Diese Abschlussepisode beginnt mit einigen Auswürfen aus einem kleinen Schlot südlich von Obermendig. Es folgen heftige Eruptionen im Bereich des Meerbodens nördlich von (Nieder-)Mendig. Diese Meerbodentuffe überschütten das gesamte Neuwieder Becken mit einer meterdicken Bimsdecke. Kurz darauf öffnet sich wenig weiter nördlich im Gebiet der Laacher Mühle ein Schlot und wirft Bims in südlicher Richtung aus. Er durchschlägt mehrere Basaltströme, deshalb sind seine Tuffe reich an großen Basaltbomben. Danach entstand ein Ausbruchzentrum weiter südlich in dem Gebiet, in dem heute die Fraukirch und der Reginaris-Brunnen liegen. Der Fraukirch-Vulkan hat neben Bimstuffen einen Aschestrom gefördert, der in einem Nebental bis ins Nettetal geflossen ist und den ungeschichteten, großenteils verfestigten sogenannten *Nettetaltrass* abgelagert hat. Noch während der Tätigkeit dieses Vulkans entstand im Nordteil des Laacher See-Beckens der Laacher Bimsvulkan. Er förderte anfangs auch Aschströme, die durch die Täler von Glees und Tönnisstein nach Norden hinabflossen und sich im Brohltal zu einem mächtigen Strom vereinigten, der das Tal bis zur Mündung in den Rhein ausfüllte (*Brohltaltrass*). Danach wurden weiße bis hellgraue Bimstuffe gefördert, die in mächtiger Decke das Neuwieder Becken und die angrenzenden Hochgebiete überschütteten. Die Eruptionen waren so heftig, dass feineres Material in der höheren Atmosphäre von Luftströmungen nach Nordosten mindestens bis zur Insel Rügen, nach Süden bis in die Gegend von Grenoble verfrachtet wurde.

Den Abschluss der Tätigkeit des Laacher Vulkans bildete die Förderung der grauen Laacher Tuffe. Sie finden sich in größerer Mächtigkeit nur in der unmittelbaren Umgebung des Laacher Sees und bestimmen hier weitgehend die heutige Morphologie. Feinste Aschelagen sind ebenfalls bis nach Mecklenburg und bis in die Dauphine verfrachtet worden. Deshalb müssen auch während der Förderung der grauen Tuffe sehr heftige Eruptionen stattgefunden haben. Bei nachlassender Förderenergie wälzten sich mit Gesteinsschutt beladene Eruptionswolken aus dem Krater und lagerten in dessen Nähe Tuffe ab, die durch Schrägschichtung und Dünenstrukturen gekennzeichnet sind (z. B. am Sportplatz Wassenach aufgeschlossen). Zwischen der Ablagerung der weißen Bimstuffe und der grauen Tuffe dürfte kein großer Zeitraum verstrichen sein, da im Bimsprofil jede Spur von Bodenbildung oder Vegetation fehlt.

M 2.2	Vulkanparkrouten

WERDEN SIE AKTIV – BESUCHEN SIE DEN VULKANPARK

INFOS:
01801/88 55 26
www.vulkanpark.com

VULKANPARKROUTEN

- Route 1: Katzenberg · Eifelmuseum Mayen (Genovevaburg) · Mayener Grubenfeld · Die Ahl · Ettringer Lay · Bellerberg Vulkangruppe · Kottenheimer Büden · Kottenheimer Winfeld
- Route 2: Vulkanmuseum · Vulkanbrauerei · Museumslay · Wingertsbergwand
- Route 3: Trassgrube Meurin · Krufter Bach · Infozentrum · Rauscherpark
- Route 4: Eppelsberg · Nastberg · Hohe Buche · Stadtmuseum Andernach

M 2.3	Projekt „Informationszentrum Rauschermühle"

Projektbezeichnung	Kosten	Projektstand
Informationszentrum Rauschermühle, Plaidt/Saffig Darstellung: EG: Entstehung der Landschaft Vulkanismus/Geologie 1. OG: Archäologie und Technikgschichte DG: Vortragsraum, Künstlerappartments, Büroräume für die Wissenschaft Projektzeitraum: 11/97 – 06/00	ca. 1.280.000 € (Baukosten) ca. 358.000 € (multimediale Einrichtung)	Das Projekt ist fertiggestellt.

M 2.4	Projekt „Rauscherpark"

Projektbezeichnung	Kosten	Projektstand
Landschaftsdenkmal „Tal der Nette zwischen Plaidt und Ochtendung", Teilabschnitt „Rauscherpark" Darstellung: „Durchbruch" des Lavastroms der Wannen. Steinbruchtätigkeit zur Römerzeit Projektzeitraum: 1997 – 11/98	ca. 26.000 €	Das Projekt ist fertiggestellt.

M 2.5	Projekt „Mayener Grubenfeld"

Projektbezeichnung	Kosten	Projektstand
Mayener Grubenfeld Darstellung: Basaltlavaabbau mit Schwerpunkt der Mahlsteinherstellung zur römischen Zeit. Informationen über die Entstehung eines Schlackenkegels und den Aufbau eines Lavastromes und über die Entwicklung der über 2000 Jahre zurückreichenden Steinbruchtätigkeiten Besonderheit: Natursteinsymposion „Lapidea" auf gleichem Gelände. Projektzeitraum: 1999 – 2000	ca. 118.000 €	Das Projekt ist fertiggestellt.

| M 2.6 | Basaltlavaabbau und umfangreiche Bierproduktion |

Die Bearbeitung der Basaltlava-Steine mit Hammer und Meißel ist zum größten Teil weggefallen und durch Steinsägen ersetzt worden, wodurch diese Industrie nach den beiden Weltkriegen wieder wesentlich gefördert wurde.

Diese Ausführungen wären unvollständig, wenn nicht auch der schweren und gefahrvollen Arbeit in der Stein-Industrie unter- und oberirdisch Erwähnung geschehen würde. Hauptsächlich die mit dem Losbrechen und Heranschaffen zum Aufzugschacht beschäftigten Arbeiter, sogenannte Layer, waren großen Gefahren ausgesetzt. Wie bereits gesagt, wurde der Abbau bergmännisch betrieben. Mit Öl- und Karbidlampen versehen, verrichteten die Layer ihre Arbeit, mit der eine Lehrzeit von vier Jahren verbunden war, so dass es sich um ausgesprochene Fachleute handelte. Die Beurteilung, wie ein Basaltblock herausgebrochen und, möglichst in seiner Größe erhalten, nach oben gebracht werden konnte, wurde mitunter von mehreren Fachleuten erwogen und besprochen. Es war aber nicht ausgeschlossen, dass sich beim Loslösen des Steines Unvorhergesehenes einstellte und Menschen von seiner Tonnenlast erdrückt wurden. Die Firma Michels ging zuerst dazu über, die Basaltstein-Gewinnung im Tagebau auszuüben, was allerdings durch das Wegräumen der 15 bis 20 Meter hohen Erd- und Bimsschicht erhebliche Kosten verursachte, bevor man an den Stein gelangte und mit dessen Verwertung rechnen konnte. Der Vorteil dieser Neuerung bestand natürlich darin, dass man keine Stützsäulen zur Tragung der Oberfläche mehr benötigte, sondern eine restlose Ausbeute des Gesteins möglich war. Diese Arbeitsweise brachte es aber auch mit sich, dass sich die Unglücksfälle verminderten, was hauptsächlich von den Layern begrüßt wurde.

Die Bierstadt Niedermendig

Die nach 1870 in Niedermendig einsetzende Brau-Industrie war dem Umstand zuzuschreiben, dass die Gewinnung des Basaltsteines in etwa 30 Meter Tiefe und durch Förderschacht erfolgte. Durch die Ausbeute des Steinvorkommens entstanden im Laufe der Zeit große zusammenhängende unterirdische Hallen, in denen eine bedeutend niedrigere Temperatur besteht als an der Erdoberfläche, weil die lockeren, über dem Basaltstrom liegenden Bimsschichten das Regenwasser durchsickern lassen, so dass Decken, Wände und Sohlen der Steingruben dauernd nass sind. Das unten auftretende Wasser sickert weiter durch, und erst in 60 Meter Tiefe tritt Grundwasser auf, nachdem das Wasser nochmals seinen Weg durch einen zweiten, älteren Lavastrom genommen hat. Die vielen Förderschächte bringen es mit sich, dass in den zusammenhängenden unterirdischen Hallen dauernd Luftzug ist, der die Feuchtigkeit in Verdunstungskälte umwandelt. Die so entstandene Unterkühlung kann durch Regelung der Luftzufuhr bis zum Gefrierpunkt gebracht werden.

Diese Tatsache erkannte zuerst eine Neuwieder Brauerei; sie machte entsprechende Versuche, indem sie ihr in Neuwied gebrautes Bier in diesen Hallen lagerte und versandreif werden ließ. Das günstige Resultat dieser Versuche in Verbindung damit, dass sich das Wasser der Gemeinde Niedermendig vorzüglich für Brauzwecke eignete, veranlasste diese Brauerei, die seit 1835 betriebene Lagerung zu erleichtern, indem sie an Ort und Stelle eine Zweigbrauerei einrichtete und später zum Hauptbetrieb ausbaute. Damit war eine neue Industrie entstanden. Diesem Beispiel folgten andere Brauereien des Rheinlandes, so dass in den 1880er Jahren 25 Brauereien verschiedener Größe in Niedermendig Bier brauten, lagerten und zum Versand brachten. Auch dieses Industrieprodukt verschaffte sich durch seine gute Qualität einen angesehenen Namen, so dass „Niedermendiger Bier" überall, wo es getrunken wurde, einen guten Klang hatte. Die meisten dieser Brauereien waren auf dem Grundstück erbaut, wo sich ein alter Basalt-Steinbruch befand, der jetzt als Bierkeller diente; jedoch befanden sich einige wenige davon außerhalb des Grubenfeldes, so dass stets ein sehr reger Fuhrverkehr von der Brauerei zu dem Lagerkeller und zum Güterbahnhof den Ort passierte und neben den Fuhrwerken der Steinindustrie das Straßenbild vollkommen beherrschte.

Neben der Brauerei der Brüdergemeine (bei der Herrnhuter Brüdergemeine handelt es sich um eine evangelische Freikirche, die in Niedermendig eine Brauerei besaß) existierten folgende Brauereifirmen: Börsch & Hahn aus Köln-Mülheim, Kaiser-Krone-Brauerei aus Koblenz (später Hansa-Brauerei genannt), Ransonnet-Brauerei, später in den Besitz des Braumeisters Wölker überging, Brauerei Schmitz-Pillartz aus Köln, Prümms-Brauerei aus Koblenz, Brauerei Schaaf aus Koblenz-Neuendorf, Pappendeckelbau, der jedoch als Brauerei nicht mehr in Betrieb kam, Adler-Brauerei aus Köln-Ehrenfeld, Backhaus-Brauerei, Kloster- und Laupus-Brauerei aus Koblenz-Metternich, Bubser-Brauerei aus Weißenthurm, Brauerei Gießer, Brauerei Schultheis aus Koblenz, Ackermanns-Brauerei, Brauerei Kreuzer aus Holland, die in einer Nacht vollständig verschwand, indem das unterhöhlte Gelände der Last nachgegeben hatte und die ganze Brauanlage in der Tiefe verschwunden war. Menschen sind dabei nicht zu Schaden gekommen, jedoch fand der Braumeister Leopold Moubis, ebenfalls Holländer, bei seinem Erscheinen am Morgen die Brauerei nicht mehr vor. Ferner sind noch die beiden Brauereien im Waldschlösschen sowie die Brauerei Eich & Co., Bräuerei Mittler, Brauerei Meurer, Brauerei Mengelbier & Co., Brauerei Buderius, Moritz-Brauerei und Vulkan-Brauerei (Zweigbrauerei der Königsbacher-Brauerei in Koblenz) zu nennen.

Starker Güterverkehr

Die meisten Brauereien hatten eigene Eisenbahn-Waggons mit weißem Anstrich und schwarzer Firmen-Aufschrift laufen, die zum Bierverladen bzw. zum Ausladen des Rückgutes an der so genannten Bierrampe am Güterbahnhof standen. Der Güterverkehr auf der Strecke Andernach-Mayen, an der Niedermendig liegt, war zu dieser Zeit ganz besonders stark, da nicht nur die auf den Steingrubenfeldern Mayen, Kottenheim, Niedermendig gefertigten Basaltsteine, sondern auch die Tuffsteine aus dem Rieden-Weibern-Gebiet durch Fuhrwerk an diese Strecke gebracht wurden, bevor die Brohltal-Eisenbahn in Betrieb kam. Hinzu kam der Bierversand, der von Niedermendig aus in Richtung Andernach jeden Abend um 5 und um 7 Uhr erfolgte. Die in Betracht kommenden Frachtgebühren trugen dazu bei, dass die Eisenbahnstrecke Andernach-Mayen im Verhältnis ihrer Länge als die rentabelste Strecke im Preußisch-Hessischen Eisenbahnnetz galt.

Neben den Brauereien waren auch zwei Mälzereien errichtet worden, die in der Hauptsache zwar für die ansässigen Brauereien ihr Fertigprodukt Malz lieferten, aber auch noch auswärtige Brauereien als Abnehmer hatten.

Die Eisgewinnung

Diese Gesamtindustrie brachte natürlich für den aus etwa 3000 Einwohnern bestehenden Ort einen nie geahnten Aufschwung für die verschiedenen Handwerker. Aber auch die Landwirte in Nieder- und Obermendig-Bell hatten Vorteile wahrzunehmen, da nicht nur der Verkauf von Hafer und Heu für den sehr großen Pferdebestand der Brauereien und Grubenbesitzer in Betracht kam, sondern weitere Einnahmen hinzu kamen, weil die Brauereien für ihre Kundschaft und im oberirdischen Betrieb Eis brauchten.

Die Eismaschine war noch nicht erfunden, daher wurde das Eis auf folgende Weise gewonnen: An dem Abfluss vom Laacher See wurden zu beiden Seiten bei Frostbeginn Felder bis zu 1 1/2 Meter ausgehoben und in die so entstandene Mulde das Bachwasser geleitet. Bei einer Dicke von 8 bis 10 cm wurde die Decke in dem Eisweiher zerschlagen und die Schollen zu den Brauereien gefahren und dort in den Bierschacht geworfen. Die Temperatur in den Schächten war Sommer und Winter etwa 1 °C, und das hinabgeworfene Eis ballte sich zu Eisbergen zusammen; bei Bedarf wurde es mit dem Pickel gelöst. Die Brauereien zahlten bei den ersten Anlieferungen pro Zentner 25 Pfennig und noch etwas mehr, wenn angenommen werden musste, dass ein milder oder kurzer Winter bevorstand, während bei zunehmendem Frost die Preise zurückgingen und mitunter nur noch 10 Pfennig bezahlt wurden. Immerhin war es für die Landwirte ein gutes Geschäft, da die in Benutzung genommenen Grundstücke sowohl im Herbst als auch im Winter keine Ernte erbrachten; hinzu kam, dass das Personal auch während des Winters eine lohnende Beschäftigung hatte.

Die Erfindung der Eismaschine machte nicht nur diesen Erwerbszweig zunichte, sondern war auch die Ursache dafür, dass die Brauereien allmählich ihren Betrieb in Niedermendig aufgaben und an ihren Ursprungsort zurückgingen, was zur Folge hatte, dass auch die Handwerksbetriebe kleiner wurden und teilweise zum Erliegen kamen. Aber auch die Einnahmen der Gemeinde gingen spürbar zurück, so dass die aufkommende Ansicht, Niedermendig wäre eine reiche Stadt geworden, wenn die Eismaschine nicht erfunden wurde, berechtigt war.

M 2.7	Projekt „Wingertsbergwand"

Projektbezeichnung	Kosten	Projektstand
Landschaftsdenkmal „Wingertsbergwand", Mendig Darstellung: Landschaftsdenkmal von internationaler Bedeutung. Anhand der vorh. Ablagerungen wird die Chronologie des Ausbruches des Laacher-See-Vulkans vor 13.000 Jahren dargestellt. Projektzeitraum: 1997 – 11/98	ca. 92.000 €	Das Projekt ist fertiggestellt.

M 2.8	Projekt „Trassgrube Meurin"

Projektbezeichnung	Kosten	Projektstand
Trassgrube Meurin, Kretz Darstellung: Unterirdischer Abbau von Tuff zur Römerzeit und im Mittelalter. Größter Tuffstein-Untertagebau in Europa nördlich der Alpen Besonderheit: Großflächige attraktive Überdachung auf rd. 2.500 m², mit attraktivem Rahmenprogramm. Projektzeitraum: 1997 – 2000	ca. 322.000 € (ohne Überdachung Überdachung ca. 1.687.000 €	Das Projekt ist fertiggestellt.

M 2.9	Kleines Glossar zu den geologischen Begriffen

Basalt: Dunkles, oft schwarzes Ergussgestein, das häufig sechseckig-säulenförmig abgesondert ist. Unterschieden werden Feldspat- und Alkali-Basalte. Das Gestein ist sehr widerstandsfähig und bildet oft größere Massive oder Plateaus bzw. tritt als Verwitterungsrestberg in Erscheinung.

Trass: Ein Trachyttuff graugelber Farbe, der einen ungeschichteten, aber verfestigten Bimssteinaschentuff darstellt, der möglicherweise auf einen Schlammvulkan zurückgeht.

Tuff: Gestein, das zwischen Magmatiten und Sedimenten steht, dessen Baustoff zwar dem Magma entstammt, aber durch Zertrümmerung und Zerstäubung in der Luft anschließend wie Sedimente abgelagert werden kann.

M 3.1 Lausitzer Braunkohlenrevier

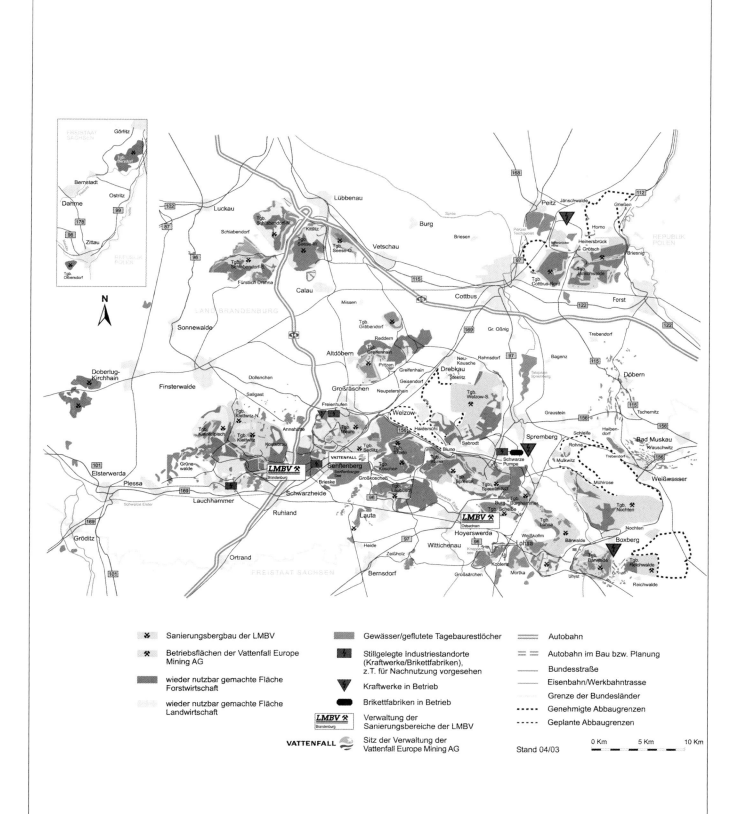

M 3.2	Geologisches Profil

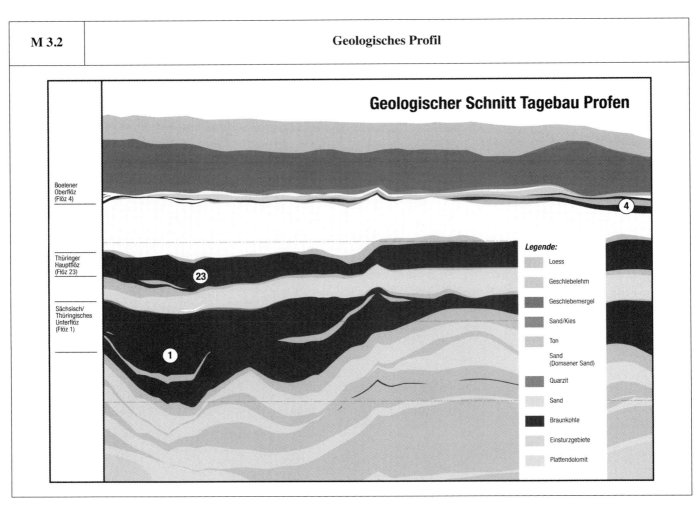

M 3.3	Beschäftigte im Braunkohlenbergbau des Lausitzer Reviers

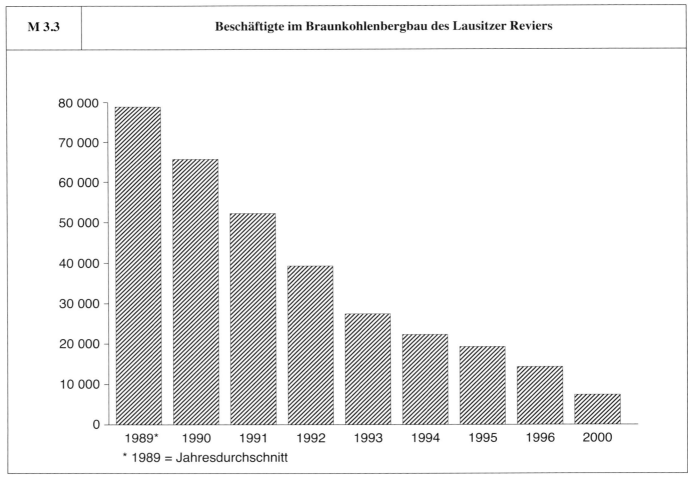

M 3.4	Lichtblick

Ein Lichtblick, der Zusammenbruch und Hoffnung gleichzeitig markiert:
Schwarze Pumpe, legendärer Stammbetrieb des Gaskombinats mit einst 15.000 Mitarbeitern. Vor der Vereinigung wurden hier im größten Braunkohlenbetrieb Europas rund drei Viertel des gesamten Stadtgasbedarfs der DDR sowie Braunkohlenhochtemperaturkoks, Briketts und Elektroenergie produziert.

Das Betriebsgelände ist so groß, daß der Berliner Wannsee fünfmal hineinpassen würde. Inzwischen sind Kokerei und Druckgaswerk stillgelegt. Die drei Altkraftwerke folgten Mitte 1998.

Trotzdem herrscht Aufbruchstimmung. 3000 Bauleute bevölkern derzeit das Gelände. Seit 1993 baut die VEAG hier für 4,5 Mrd. Mark ein Kraftwerk der Extraklasse mit den weltweit größten braunkohlenbefeuerten Dampferzeugern. „Das erste einer neuen Generation", schwärmt Dietrich Kirmse, Geschäftsführer der Schwarzen Pumpe – VEAG Kraftwerksgesellschaft, „mit Umweltschutzwerten, von denen andere noch träumen."

Das 161 m hohe Kesselhaus ist schon ein Besuchermagnet – mit 1100 Gästen im November 1995. Im Sommer 1997 soll der ers-te der beiden 800-Megawatt-Blöcke den Dauerbetrieb aufnehmen. 320 Arbeitsplätze sind geplant, freilich nur ein Drittel jener, die vorher freigesetzt werden. Dafür aber entsteht hier ein Großabnehmer der Lausitzer Braunkohle. Er soll regionale Dienstleistungen mit Aufträgen versorgen und neue Investoren anziehen. Zum Beispiel solche wie die Firma Knauf aus Bayern, die nun direkt hinter dem VEAG-Werkzaun die Unmengen Gips, die bei der Rauchgasentschwefelung anfallen, zu Gipskarton für die Bauwirtschaft verarbeitet. Auch manch eine der rund 150 von der LAUBAG ausgegründeten Firmen (mit mehr als 4000 Leuten) fand hier ihren Sitz. Schwarze Pumpe könnte also wieder zu einem Industriekern werden.

M 3.5	Die Planungsregion Oberlausitz-Niederschlesien

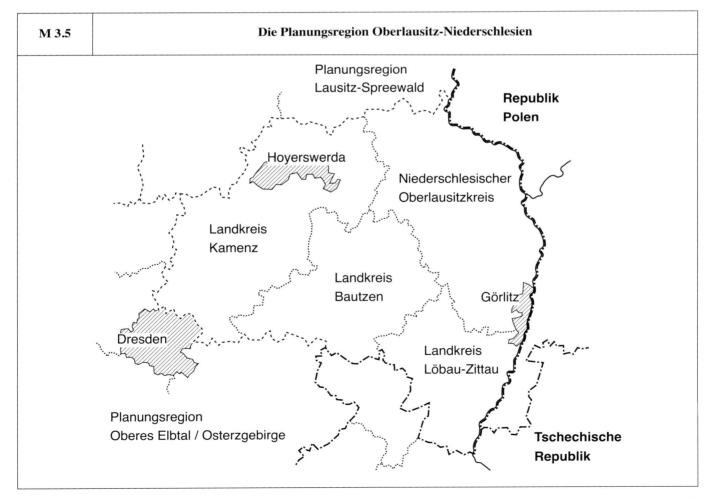

M 3.6	Verfahrensschritte bei Braunkohlenplanverfahren
Aufstellungsbeschluss (Verbandsversammlung)	Regionale Planungsverbände sind gemäß § 8 (1) SächsLPlG zur Aufstellung von Braunkohlenplänen verpflichtet
Fachliche Vorbereitung Planaufstellung	Zusammenstellung der zur Beurteilung der ökologischen und sozialen Verträglichkeit des Abbau- oder Sanierungsvorhabens erforderlichen Angaben durch den Bergbautreibenden oder Träger der Sanierungsmaßnahme; Übergabe an die Regionale Planungsstelle
Erarbeitung des Planentwurfs (Regionale Planungsstelle)	Beteiligung von Gebietskörperschaften, Behörden, anerkannten Verbänden, anderen Trägern öffentlicher Belange und benachbarten Bundesländern gem. § 7 (3) SächsLPlG; Hinwirken auf sachlichen Vorabkonsens
Behandlung des Planentwurfs (Braunkohlenausschuss)	ggf. Einarbeitung fachlicher Hinweise, Empfehlung des Braunkohlenausschusses zur Freigabe des Planentwurfs für das Beteiligungs- und Anhörungsverfahren gemäß § 8 (5) SächsLPlG; Weiterleitung an die Verbandsversammlung
Freigabe des Planentwurfs für das Beteiligungs- und Anhörungsverfahren	Anhörung und Unterrichtung der Öffentlichkeit in den Gemeinden, in denen sich das Vorhaben voraussichtlich auswirkt, nach fristgerechter ortsüblicher Bekanntmachung
Beteiligungs- und Anhörungsverfahren (Regionale Planungsstelle)	Auslegung des Planentwurfs und zugrunde liegender Angaben in betroffenen Gemeinden über 1 Monat; Äußerungsfrist zusätzlich 2 Wochen; parallel dazu Weiterleitung an Beteiligte gem. § 7 (3) SächsLPlG zur Stellungnahme (Frist längstens 3 Monate)
Erörterungsverhandlung (Braunkohlenausschuss)	Zusammenstellung aller eingebrachten Anregungen und Bedenken sowie Unterbreitung eines Ausgleichsvorschlags durch die Regionale Planungsstelle; Anstreben eines Ausgleichs der Meinungen in Verhandlungen im Sinne § 73 Abs. 6/7 VwVfG
Bericht des Braunkohlenausschusses zur Erörterung an die Verbandsversammlung	Bericht muss ausweisen, zu welchen Bedenken und Anregungen Einigung erzielt wurde und wozu abweichende Meinungen bestehen; Verbandsversammlung entscheidet bei Beschlussfassung über Anregungen und Bedenken
Fachliche Überarbeitung des Braunkohlenplans (Regionale Planungsstelle)	Einarbeitung aller Hinweise aus dem Beteiligungs- und Anhörungsverfahren; Vorlage im Braunkohlenausschuss; Beschlussempfehlung des Ausschusses an Verbandsversammlung zur Feststellung des Plans als Satzung
Satzungsbeschluss (Verbandsversammlung)	abschließende politische Entscheidung zum Plan auf der Ebene des Regionalen Planungsverbandes, ggf. mit Maßgaben; Weiterleitung des festgestellten Plans an die Genehmigungsbehörde
Genehmigung Braunkohlenplan (oberste Raumordnungs- und Landesplanungsbehörde)	Herstellung des Einvernehmens mit berührten Staatsministerien; Genehmigungsanspruch bei Aufstellung nach Gesetz, keinem Widerspruch zu sonstigen Rechtsvorschriften und Einfügung in die angestrebte Entwicklung des Landes
Bekanntmachung von Satzung und Verbindlicherklärung; Eintritt der Verbindlicherklärung	Veröffentlichung im Sächsischen Amtsblatt und Auslegung zur Einsichtnahme durch jedermann; Eintritt der Verbindlichkeit mit Ablauf der einmonatigen Auslegung in Landratsämtern, kreisfreien Städten und Regionaler Planungsstelle

M 3.7	Abbau des Kohlenflözes im Tagebau Jänschwalde der LAUBAG

M 3.8	Umsiedlungen in den deutschen Abbaugebieten von Braunkohle

Förderraum/Land	bis 1950 Zahl/EW	1951–1960 Zahl/EW	1961–1970 Zahl/EW	1971–1980 Zahl/EW	1981–1990 Zahl/EW	ab 1991 Zahl/EW	Summe Zahl/EW
Lausitz	8/ 2400	7/ 3000	24/ 5500	27/ 2900	66/ 13200	3/ 500	135/ 27500
1. Brandenburg	3/ 1500	5/ 2800	19/ 4300	21/ 2400	53/ 10800	2/ 400	103/ 22200
2. Sachsen	5/ 900	2/ 200	5/ 1200	6/ 500	13/ 2400	1/ 100	32/ 5300
Mitteldeutschland	13/ 7300	28/ 12000	31/ 16500	21/ 8600	23/ 5900	3/ 900	119/ 51200
– Sachsen	1/ 900	16/ 5000	19/ 6000	16/ 6000	20/ 5100	0/ 0	72/ 23000
– Sachsen-Anhalt	9/ 4600	11/ 6800	12/ 10500	5/ 2600	3/ 800	3/ 900	40/ 26200
– Thüringen	3/ 1800	1/ 200	0/ 0	0/ 0	0/ 0	0/ 0	4/ 2000
Rheinland	4/ 1400	7/ 2300	15/ 7700	12/ 9000	6/ 3800	4/ 4200	48/ 28400
Summe	25/ 11100	42/ 17300	70/ 29700	60/ 20500	95/ 22900	10/ 5600	302/ 107100

M 3.9	Regionalplanerischer Variantenvergleich zu möglichen Standorten für „Neu-Heuersdorf"		
Kriterien	**Standort Heuersdorf (alt) bei knapper Umfahrung**	**Standort Neu-Heuersdorf auf Kippe Regis IV**	**Standort Neu-Heuersdorf südlich von Deutzen**
Am Standort vorhandene Faktoren		*Variante 1*	*Variante 2*
• Baugrund Bergschäden	Bergschäden durch Tagebau möglich	ca. 25 Jahre liegende Altkippe; Bergschäden durch Grundwasseranstieg möglich	ca. 40 Jahre liegende Altkippe; Bergschäden durch Grundwasseranstieg möglich
• Kohle im Untergrund	Lage im Abbaufeld Schleenhain (große Flözmächtigkeit, gute Qualität)	ausgekohlt	ausgekohlt
• Tagebauimmissionen	bei knapper Umfahrung auch bei Schutzmaßnahmen extrem groß	aufgrund geringer Entfernung zum Tagebau trotz Waldabschirmung erheblich	relativ gering, aber nicht vollkommen bedeutungslos
• sonstige Belastungen	keine	keine	Lärmbelastung durch Bahnlinie Leipzig-Altenburg (erheblich), benachbarter Strafvollzug
• Topographie	da Ausgangssituation, Idealzustand	bewaldete Kippenfläche mit 10 m-Geländestufe	weitgehend ebene Kippenfläche mit Geländezäsuren in allen Richtungen
• Landschaftsstruktur	da Ausgangssituation, Idealzustand	Kippenboden mit geringem Ertragspotenzial; 5–7 m hohe Kiefern-/ Eichenbestände	Kippenacker, nach Süden Robinien-Waldsaum, dahinter Spülkippe
Standortpotenzial			
• Flächengröße	Ausgangszustand	37,5 ha, für Umsiedlung 1 : 1 ausreichend	24 ha, erhebliche Verkleinerung bei Beschränkung des Grundrisses durch Geländezäsuren
• Entwicklungspotenzial	durch knappe Tagebauumfahrung kaum Potenzial bis ca. 2025	Potenzial innerhalb ausgewiesener Flächen	kein Potenzial
• Situation für Gewerbebetriebe	nur von allgemeiner Marktlage abhängig, keine äußeren Stressfaktoren	Einzugsgebiet bleibt im Wesentlichen erhalten	durch Nachbarschaft - Deutzen neue Konkurrenzsituation, teilweise größeres Einzugsgebiet
Siedlungs- und sozialgeographische Aspekte			
• zentralörtliche Funktion neuer Standort	keine Veränderung, da alter Standort erhalten bleibt	Annäherung an Regis-Breitingen und Deutzen ohne Bedeutung	praktisch Anschluss an Deutzen (Vorortcharakter)
• Einkaufen/Dienstleistungen	Ausgangszustand, deshalb keine Veränderungen	praktisch keine Veränderungen gegenüber Ausgangszustand	Grundversorgung in Deutzen; Konkurrenz für Gewerbebetriebe von Heuersdorf
• Bildung	Ausgangszustand, deshalb keine Veränderungen	praktisch keine Veränderungen gegenüber Ausgangszustand	praktisch keine Veränderungen gegenüber Ausgangszustand

| M 3.9 | Regionalplanerischer Variantenvergleich zu möglichen Standorten für „Neu-Heuersdorf" |

Kriterien	Standort Neu-Heuersdorf südlich von (Regis-)Breitingen	Standort Neu-Heuersdorf nördlich von (Regis-)Breitingen	Standort Neu-Heuersdorf auf Kippe nördlich von Ramsdorf
Am Standort vorhandene Faktoren	*Variante 3*	*Variante 4*	*Variante 5*
• Baugrund/ Bergschäden	Baugrund unverritzt, Bergschäden nach Sachlage ausgeschlossen	mind. 50 Jahre liegende Altkippe, Teilbebauung durch Altneubauten bereits erfolgt	ca. 30 Jahre liegende Altkippe; Bergschäden durch Grundwasser-Anstieg möglich
• Kohle im Untergrund	Kohleflöz in brauchbarer Mächtigkeit	ausgekohlt	ausgekohlt
• Tagebauimmissionen	keine	keine	relativ gering, aber nicht vollkommen bedeutungslos
• sonstige Belastungen	Lärmbelastung durch Bahnlinie Leipzig-Altenburg (mäßig), Abfuhr Tonhalde Hasselbach	Altlasten des Braunkohlen-Bergbaus und Strafvollzugsanstalt in unmittelbarer Nachbarschaft	keine
• Topographie	schwach reliefierte Ackerfläche, weitgehend freie Blickbeziehungen nach Süden und Osten	weitgehend ebene Kippenfläche mit Begrenzung durch Pleiße im Osten und eingelagerter, bewaldeter Hochkippe	mäßig reliefierte Kippenfläche (9 m); freie Blickbeziehungen zum Haselbacher See und Schnauderaue
• Landschaftsstruktur	Acker mit gutem Ertragspotenzial, im Osten Naturschutzgebiet Haselbacher Teiche	ungegliederter Kippenacker; im Süden Ortslage Regis, im Norden Spülkippe	Kippenacker, nach Norden Pappelaufforstung zum Tagebau Schleenhain
Standortpotenzial			
• Flächengröße	20 ha, Erweiterung durch Flächentausch mit Thüringen denkbar	29 ha, Beschränkung durch Siedlung, Pleißelauf, Hochkippe und Altlasten	70 ha, damit größter potenzieller Umsiedlungsstandort
• Entwicklungspotenzial	kein Potenzial	kein Potenzial	größtes Potenzial
• Situation für Gewerbebetriebe	durch Nachbarschaft Regis-Breitingen neue Konkurrenzsituation, teilweise größeres Einzugsgebiet	durch Nachbarschaft Regis-Breitingen neue Konkurrenzsituation, teilweise größeres Einzugsgebiet	durch Nachbarschaft Ramsdorf, Lucka neue Konkurrenzsituation, kaum günstigeres Einzugsgebiet
Siedlungs- und sozialgeographische Aspekte			
• zentralörtliche Funktion neuer Standort	praktisch Anschluss an Regis-Breitingen (Unterzentrum)	praktisch Anschluss an Regis-Breitingen (Unterzentrum)	praktisch Zusammenschluss mit Ramsdorf
• Einkaufen/Dienstleistungen	weitgehende Versorgungsübernahme durch Regis, für Handel Heuersdorf kaum Chancen	weitgehende Versorgungsübernahme durch Regis, für Handel Heuersdorf kaum Chancen	Konkurrenz mit Läden in Ramsdorf
• Bildung	Grund- und Mittelschule Regis, höhere Schulen unverändert	Grund- und Mittelschule Regis, höhere Schulen unverändert	Grundschule Ramsdorf, Mittelschule Regis, höhere Schulen unverändert

M 3.10	Vergleich des Entschädigungsverfahrens der Braunkohlenplanung zwischen Sachsen und Nordrhein-Westfalen

Sachsen	Nordrhein-Westfalen
1. Bewertung Altanwesen	
MIBRAG trägt die Kosten für die Bewertung von Grundstücken und Gebäuden. Die Bewertung der Gebäude erfolgt auf der Grundlage des Sachwerts, soweit nicht die Ertragswertmethode bei gewerblich genutzten Gebäuden für die Eigentümer günstiger ist. Bei der Bewertung der Grundstücke ist auch dem Gesichtspunkt der zulässigen, nicht allein dem der tatsächlichen Bebauung Rechnung zu tragen. (§ 11 Heuersdorf-Vertrag)	Rheinbraun trägt die Kosten für Bestandsaufnahme und Wertermittlung. Die Architekten und Gutachten hierzu werden mit dem Umsiedler abgestimmt.
2. Baunebenkosten	
Die MIBRAG trägt folgende Baunebenkosten: • Architekten- und Ingenieurleistungen • Gutachten und Beratung • allgemeine Bau- und Nebenkosten • bei Bau eines Eigenheims auf Nachweis und dem tatsächlichen Aufwand, höchstens ca. 28.000 € • bei Kauf eines Eigenheims (schlüsselfertige Erstellung) oder einer Eigentumswohnung werden 15 % der Erwerbskosten, max. ca. 28.000 € erstattet (§ 11 Heuersdorf-Vertrag)	Baunebenkosten werden in der Höhe entschädigt, wie sie beim Neubau des aufzugebenden Anwesens anfallen würden. (Umsiedlerfibel 1992, Kap. 5.3)
3. Grunderwerbskosten	

Die MIBRAG übernimmt folgende Kosten:
• alle mit dem Grundstückserwerb in Zusammenhang stehenden Kosten und Gebühren, insbesondere:
  • Notarkosten,
  • Kosten für Grundbucheintragung,
  • Grunderwerbssteuern,
  • Genehmigungsgebühren,
• Anbindekosten für Ver- und Entsorgungsleitungen vom Anschlusspunkt (Straße) bis zur Messeinrichtung im neuen Wohnhaus (§11 Heuersdorf-Vertrag)
	Rheinbraun übernimmt folgende Kosten:
	• Erschließungsbeiträge
	• Anschlussbeiträge für Abwasserbeseitigungsanlagen
	• Grundstücksanschluss Abwasser vom Kanal bis zur Grundstücksgrenze
	• Hausanschluss für Strom, Wasser, Abwasser
	• Ortsnetzkosten für Strom und Wasser
	• Absteckung, Gebäudeeinmessung, Grenzbescheinigung
	• Grunderwerbssteuer
	• Notar- und Gerichtsgebühren
	(Checkliste f. Umsiedler, Eigentümer, Kap. C)

4. Besondere Grundstücksbewertung	
Der m²-Preis für Bauland innerhalb der bebauten Ortslage am alten und neuen Standort wird auf ca. 46,– € festgelegt. Bei der Bewertung des Altgrundstücks ist von einer Grundstückstiefe von 40 m für das Wohnbauland auszugehen. Hat der Eigentümer am Altstandort Bauland mit einer Gesamtfläche von über 500 m², so beträgt der Kaufpreis für Bauland am neuen Standort ca. 46,– €/m² bis zu der Größe des Baulandes am Altstandort. Falls der Eigentümer weitere Flächen erwirbt, richtet sich der Kaufpreis für die Fläche nach den tatsächlichen Kosten für erschlossenes Bauland. Hat der Eigentümer am Altstandort Bauland mit einer Gesamtfläche unter 500 m², so beträgt der Kaufpreis für Bauland am neuen Standort ca. 46,– €/m² bis Grundstücksgröße von 500 m². Für weitere Flächen richtet sich der Kaufpreis nach den tatsächlichen Kosten für erschlossenes Bauland. Bei den Nebengebäuden (z. B. Scheune) wird der Gebäudesachwert um 30 % erhöht, um über den tatsächlichen Wert des Gebäudes hinaus einen Ausgleich für den Gebrauchsverlust zu schaffen. Bei den sonstigen Gebäuden (Erholungsgrundstücke, Gärten, Garagen etc.) wird die Bewertung auf der Grundlage des Sachwertverfahrens durchgeführt. Dabei ist der Gebäudesachwert um 30 % zu erhöhen. (§ 11 Heu V)	Rheinbraun bietet in der Regel den wertgleichen Tausch eines Ersatzgrundstücks am Umsiedlungsstandort an. (Checkliste für Eigentümer) Über diese Praxis hinaus bietet Rheinbraun für Teilnehmer an der gemeinsamen Umsiedlung die folgende Bewertung für bebaute Grundstücke innerhalb der Ortsbereichsabgrenzung in Otzenrath/Spenrath und Holz an: • bis zu einer Tiefe von 50 m: 100 % des Baulandwerts • von 50 bis 90 m: 50 % des Baulandwerts • ab einer Tiefe von 90 m: 25 % des Baulandwerts Ziel: mögliche Finanzierungslücken bei der Neubaumaßnahme zu schließen. (Jüchen-Erklärung, Eigentümer-Konzept)

M 3.10	Vergleich des Entschädigungsverfahrens der Braunkohlenplanung zwischen Sachsen und Nordrhein-Westfalen

Sachsen	Nordrhein-Westfalen

5. Beraterkostenpauschale

Beraterkostenpauschale auf Nachweis bis max. ca. 1020,– € (§11 Heu V)	Bei gütlichem Erwerb bebauter Grundstücke im zeitlichen Zusammenhang mit der gemeinsamen Umsiedlung bietet Rheinbraun eine Beraterkostenpauschale an, unabhängig davon, ob tatsächlich ein Berater eingeschaltet wird: • bei einer Entschädigung von ca. 153.000 €: ca. 3.580 € • bei einer Entschädigung bis ca. 307.000 €: ca. 4.090 € • bei einer Entschädigung bis ca. 460.000 €: ca. 4.600 € Der Umsiedler kann auch auf die Pauschale verzichten und die Bezahlung der Kosten verlangen, die zur zweckentsprechenden Rechtsverfolgung notwendig sind. (Jüchen-Erklärung, Eigentümerkonzept)

6. Umsiedlerpauschale

Haushaltspauschale: Ein- u. Zweizimmerwohnung ca. 820,– € Dreizimmerwohnung ca. 1.020,– € ab Vierzimmerwohnung ca. 1.220,– € Helferstundenpauschale: Auf Antrag für ältere und hilfsbedürftige Personen jeweils ca. 153,– €, bei nachweislich höherem Aufwand kann dieser Betrag auf max. ca. 512,– € erhöht werden. (§11 Heuersdorf-Vertrag)	Umsiedlerpauschale für besondere Erschwernisse in Höhe von ca. 255,– €/Wohnraum (Umsiedlerfibel 1992, S. 105)

7. Umzugskosten

Übernahme der Speditionskosten durch die MIBRAG bis zu einer Entfernung von 100 km auf Nachweis. Bei selbst durchgeführtem Umzug wird Umzugspauschale in Höhe von ca. 174,– €/Wohnraum am neuen Standort gewährt. Für besondere Erschwernisse kann ein Zuschlag von insgesamt ca. 255,– € gewährt werden. (§ 11 Heuersdorf-Vertrag)	Übernahme der Speditionskosten durch Rheinbraun zum Umsiedlungsstandort oder bis zu einer Entfernung von 25 km oder Zahlung einer Pauschale von z. Z. ca. 174,– €/Wohnraum bei selbst durchgeführten Umzügen. Gebührenerstattung für neue Telefonanschlüsse Entschädigung von Folgekosten auf Antrag (z. B. Demontage- und Montagekosten sowie Anpasskosten von Anbauküchen) (Umsiedlerfibel 1992, S. 105/106)

13. Gewerbetreibende und landwirtschaftliche Betriebe

Die Umsiedlung bedeutet auch für Gewerbetreibende und landwirtschaftliche Betriebe tiefgreifende Einschnitte und Veränderungen. Daher verpflichtet sich die MIBRAG, notwendige Entschädigungen bzw. Finanzierungshilfen zu gewähren, um eine betriebliche Existenz für die Betroffenen zu sichern. Folgende Vorgaben bzw. Bedingungen sind dabei einzuhalten bzw. zu erfüllen: • Im Fall der Betriebsverlegung muss der Betrieb erhaltungswürdig und verlagerungsfähig sein. • Entschädigung und/oder Förderungen aufgrund anderer rechtlicher Grundlagen zur Finanzierung der anderweitigen Unterbringungen oder der wesentlichen baulichen Änderungen sind nicht ausreichend. • Die finanzielle Förderung ist notwendig, um eine besondere Härte von dem Betrieb abzuwenden, um insbesondere eine ernsthafte Bedrohung der betrieblichen Existenz oder Gefährdung von Arbeitsplätzen zu vermeiden. Grundlage für die Entschädigungsleistungen bzw. Finanzierungshilfen bildet dabei ein Gutachten eines amtlich vereidigten Sachverständigen (Wirtschaftsprüfungsgesellschaft). Entschädigung und Finanzierungshilfen werden seitens der MIBRAG nur in dem Umfang gewährt, der notwendig ist, um am neuen Standort von Heuersdorf einen Betrieb zu errichten, der dem alten in Heuersdorf in Art und Umfang vergleichbar ist. Über Rückzahlungsverpflichtungen im Fall einer Betriebsaufgabe oder -veräußerung sowie eine etwaige Sicherung der Rückzahlungsverpflichtung werden in jedem Fall gesonderte Regelungen getroffen.	Ermittlung der Folgekosten der Betriebsverlagerungen per Gutachten durch Sachverständige auf Kosten von Rheinbraun. Folgekostengutachten und Wertermittlungsgutachen sind Grundlage der Verhandlungen mit Rheinbraun. Zu den Folgekosten gehören: • persönliche Aufwendungen der Betroffenen bei der Suche und Auswahl eines geeigneten Grundstücks, jedoch keine Makler- oder Notarkosten beim Kauf eines Ersatzobjekts • Standortanalysen und vorbereitende Untersuchungen • Verlust an Betriebseinrichtungen, die am neuen Standort nicht wieder eingesetzt werden können. • Umzugs- und Transportkosten, Demontage und Montage • Verluste im Warenbestand im Zuge der Verlagerung • Ertragseinbußen • Wiederanlaufkosten am neuen Standort • Werbekosten am neuen Standort • standortbedingte Mehraufwendungen • Umbaukosten von Einrichtungen am neuen Standort zur Wiederherstellung der Gleichwertigkeit • anfallende Umsatzsteuer für nicht verlagerungsfähige Betriebseinrichtungen; Zinsen für Zwischenfinanzierung von Mehraufwendungen • Rechtsberater- und Steuerberaterkosten • Aufwendungen aufgrund von Versicherungsumstellungen • Ausgleich für den vorzeitigen Anfall von Mehraufwendungen aufgrund zusätzlicher öffentlicher Auflagen am neuen Standort

M 3.10	Vergleich des Entschädigungsverfahrens der Braunkohlenplanung zwischen Sachsen und Nordrhein-Westfalen

Sachsen — **Nordrhein-Westfalen**

13. Gewerbetreibende und landwirtschaftliche Betriebe (Forts.)

Sachsen:

Die Umsiedlung bedeutet auch für die Landwirtschaft tiefgreifende Einschnitte. Der Freistaat Sachsen und die MIBRAG sind gleichermaßen interessiert, dass für den Erhalt der verbleibenden Kulturlandschaft und die Revitalisierung der Tagebaulandschaften der Bestand von landwirtschaftlichen Betrieben unerlässlich ist, und diese deshalb einer besonderen Fürsorge bedürfen. Hierbei werden Gehöft, sonstige in Bewirtschaftung befindliche Gebäude und bauliche Anlagen und die insgesamt bewirtschaftete Fläche als wirtschaftliche Einheit behandelt.

Die MIBRAG wird zur Existenzsicherung der selbstständigen landwirtschaftlichen Betriebe und in Abstimmung mit diesen nach einem zu vereinbarenden Zeitplan vorrangig Ersatzflächen, die wettbewerbsfähig landwirtschaftlich bewirtschaftet werden können, beschaffen und bereitstellen. Hierzu wird die MIBRAG als Bergbautreibender landwirtschaftlich nutzbare Flächen möglichst auf ehemaligem Kippengelände im Tagebau Vereinigtes Schleenhain zur Verfügung stellen. Bei notwendiger Inanspruchnahme von Wirtschaftsgebäuden wird die MIBRAG dem landwirtschaftlichen Betrieb bei der Ersatzbeschaffung geeignete Unterstützung bzw. Finanzierungshilfen gewähren.

Des Weiteren wird die MIBRAG im Rahmen ihrer Möglichkeiten Eigentümern von landwirtschaftlichen Betrieben, die diese derzeit nicht als selbstständige Betriebe bewirtschaften, jedoch ein weitestgehend gleichwertiges Ersatzobjekt (Hofstelle mit landwirtschaftlicher Fläche) wünschen, ein solches anbieten, ggf. auch außerhalb des Neuansiedlungsortes für Heuersdorf.

Bei einer finanziellen Entschädigung gelten die §§ 11-12 dieses Vertrags. Grundlage für die Entschädigungsleistungen bzw. Finanzierungshilfen bildet auf Wunsch eines Beteiligten ein Gutachten eines vereidigten Sachverständigen für Bodenwertgutachten.
(§ 14 Heuersdorf-Vertrag)

Nordrhein-Westfalen:

Beim Geltendmachen dieser Kosten ist ein evtl. Vorteilsausgleich zu berücksichtigen. Mieter und Pächter sind hinsichtlich der Folgekosten entschädigungsberechtigt, jedoch grundsätzlich nur in Höhe des sogenannten Zwischenzinses sowie hinsichtlich der Differenz zwischen der bisherigen und der marktüblichen Miete oder Pacht am neuen Ort. (Umsiedlerfibel 1992, Kap. 8, S. 107 ff.)

Für die Entschädigung der Hofstelle gelten die gleichen Regelungen wie für Eigentümer. Die Bewertung landwirtschaftlich genutzter Flächen erfolgt anhand der Richtwerte der Kreisgutachterausschüsse.

Verkehrswert genutzter Grundstücke ist durch Preisvergleich zu ermitteln. Qualitätsunterschiede aufgrund der Lage, des Zuschnitts, der Bonität und der Nährstoffversorgung werden berücksichtigt.

Wert des Grünlandaufwuchses, der Hecken, Bäume, Weidezäune sowie der aufstehenden Dauerkulturen, die den üblichen landwirtschaftlichen Ertrag erhöhen, ist entsprechend dem Alter, der Sorte und der noch zu erwartenden Ertragsdauer zu ermitteln.

Einjähriger Aufwuchs ist nach dem Marktwert zu entschädigen. Als Verkehrswert für Holzbestände des Altersklassenwaldes, welche die Umtriebszeit erreicht oder überschritten haben, gilt der Abtriebswert; für jüngere Bestände wird der Verkehrswert in der Regel nach dem Alterswertfaktorverfahren ermittelt.

Mehrwegeentschädigung unter bestimmten Voraussetzungen entsprechend der Vereinbarung zwischen Rheinbraun und dem Rheinischen Landwirtschaftsverband; Kostenerstattung für Mehrkosten und Mindererträge bei An- und Durchschneidungen von Landwirtschaftsflächen; Schadensausgleich bei Installation von Entwässerungsbrunnen auf Landwirtschaftsflächen; Schadensausgleich durch Vernässungen bei Infiltrationsmaßnahmen zum Erhalt von schützenswerten Feuchtbiotopen.

Für die Verlagerung des landwirtschaftlichen Betriebs an den neuen Standort werden Folgekosten der Betriebsverlagerungen (s. o.) gezahlt.

Wenn gleichzeitige Bewirtschaftung der alten Flächen und der Flächen am Umsiedlungsstandort möglich ist, so kann ein Pachtvertrag mit Rheinbraun geschlossen werden. Bei Tagebaurandbetrieben können durch zeitweiligen oder dauernden Verlust bzw. durch eine entsprechende Beeinträchtigung von Betriebszweigen oder Betriebsteilen Einkommenseinbußen auftreten. Diese Verluste sind zu bewerten und durch Rheinbraun zu entschädigen.

Wenn nicht das Eigentum, sondern nur die Nutzung des Landes an Rheinbraun abgetreten wird, wird für diese Zeit eine Nutzungsentschädigung gem. einer Richtlinie zwischen Rheinbraun und dem Rheinischen Landwirtschaftsverband gezahlt.

Neuland wird auf der Basis der Reichsbodenschätzung gegen Eigentumsfläche am alten Standort getauscht.

Der Landwirt erhält zum Ausgleich von Unwägbarkeiten einen 10%igen Aufschlag zum Tauschverhältnis der Ackerzahl. Bei Umsiedlung des gesamten Betriebs auf Neulandflächen gewährt Rheinbraun für die Abgeltung erhöhter Aufwendungen eine einmalige Starthilfe von z. Z. ca. 767,– €/ha. Für den Fall des Auftretens von Rekultivierungsmängeln bietet Rheinbraun Gewährleistung entsprechend der Gewährleistungsvereinbarung zwischen Rheinbraun und dem Rheinischen Landwirtschaftsverband. (Kap. 9 Umsiedlerfibel 1992)

In der Erkenntnis der Bedeutung, die den landwirtschaftlichen Betrieben in der Köln-Aachener Bucht zukommt, ist Rhein-

M 3.10	Vergleich des Entschädigungsverfahrens der Braunkohlenplanung zwischen Sachsen und Nordrhein-Westfalen

Sachsen   **Nordrhein-Westfalen**

13. Gewerbetreibende und landwirtschaftliche Betriebe (Forts.)

braun bereit, solche landwirtschaftlichen Betriebe, deren Betriebsflächen ganz oder zum größten Teil im Abbaubereich von bergbaulichen Maßnahmen in Anspruch genommen werden, auf Wunsch wie bisher umzusiedeln. Als Ersatz für die Eigentumsflächen wird sich Rheinbraun dabei nach wie vor intensiv um die Zurverfügungstellung anderer landwirtschaftlicher Flächen, sowohl auf rekultiviertem Gelände als auch durch Zukauf in anderen Regionen anstelle einer Geldentschädigung bemühen.

In Erkenntnis der Bedeutung, die der hohe Pachtlandanteil für die landwirtschaftlichen Betriebe der Köln-Aachener Bucht hat, ist Rheinbraun bereit, sich bei ihren Umsiedlungsmaßnahmen nach wie vor intensiv um eine Verlegung des Pachtlandes an den neuen Standort des Umsiedlers zu bemühen. Vorzugsweise gilt dies für das verpachtete Grundeigentum solcher Personen und Institutionen, bei denen eine langfristige Verpachtung an den Umsiedler nach den Erfahrungen zu erwarten ist. Soweit Rheinbraun über geeignete eigene Grundstücke verfügt, die nicht für einen Eigentumsaustausch oder betriebliche Zwecke benötigt werden, sollen diese dem Umsiedler als Ersatzpachtland zur Verfügung gestellt werden.

Wenn in absehbarer Zeit kein Ersatzpachtland zu beschaffen ist, wird Rheinbraun für das durch ihre betriebl. Maßnahmen verlorengegangene Pachtland dem Pächter eine angemessene, den ortsüblichen Bedingungen entspr. Geldentschädigung zahlen. Vorstehende Verfahrensgrundsätze sollen sowohl bei der Umsiedlung ganzer landwirtschaftlicher Betriebe als auch bei den sog. „Tagebaurandbetrieben" Beachtung finden. Rheinbraun erklärt ihre Bereitschaft, bei der Regulierung durch den Bau der Hambachbahn sowie der durch den Bau der 'Bandstraße Hambach-Fortuna' verursachten Durchschneidungschäden innerhalb und außerhalb des Teilplans 12/1 – Hambach, soweit die Schäden nicht durch ein Flurbereinigungsverfahren oder einen freiwilligen Flächentausch gänzlich vermieden werden, die Bestimmungen und Richtlinien anzuwenden, die auch für unmittelbar vom Abbau betroffene landwirtschaftliche Grundstücke gelten, und so Entschädigung i. S. des Allgem. Berggesetzes zu leisten.

(Anlage A, Pkt. 2 Hambach-Vertrag)

14. Leistungen des Landes

1. Für Mieter
Der Freistaat Sachsen beteiligt sich bei Bedarf im Rahmen einer Spitzenfinanzierung an der Schaffung von Ersatzmietwohnungen durch Gewährung bzw. Reservierung von im Haushalt des Freistaates veranlagten Fördermitteln entspr. dem zum Zeitpunkt der Antragstellung geltenden Förderprogramm (Mietwohnungsprogramm).
Die Wohnungen dürfen für eine im jeweiligen Programm festgelegte Dauer nur Mietern überlassen werden, deren Einkommen eine bestimmte, sich aus dem Programm ergebende Grenze nicht übersteigt. (§ 17 Heu V)

2. Für bauwillige Mieter und Eigentümer
Zur Unterstützung der Bildung von selbst genutztem Wohneigentum am Umsiedlungsort räumt der Freistaat Sachsen bei Vorliegen der Fördervoraussetzungen nach jeweils geltendem Förderprogramm (Eigentumsprogramm) im Rahmen der verfügbaren Haushaltsmittel die Möglichkeit einer Förderung ein:
a) den bauwilligen Mietern beim Schaffen eigengenutzten Wohneigentums,
b) den Eigentümern von selbst genutztem Wohneigentum in Heuersdorf, die aufgrund eines aufgestauten Bedarfs am

1. Für Mieter
Der Einsatz von öffentlichen Finanzierungshilfen für den Bau der neuen Mietwohnungen bei der Umsiedlung kommt grundsätzlich nicht in Betracht.
Das Land legt das Verursacherprinzip zugrunde und erwartet von Rheinbraun, dass sie die Finanzierung der Ersatzwohnungen sicherstellt.
Eine Umschuldung bereits gewährter öffentlicher Mittel auf das neue Objekt ist möglich. Trotzdem ist öffentliche Förderung nicht ausgeschlossen, und zwar dann nicht, wenn auch ohne Umsiedlung der Einsatz von Mitteln des sozialen Wohnungsbaus für eine angemessene Wohnraumversorgung notwenig wäre:
- Förderung beim Wohnungsbau für selbstständige Haushalte, die im Moment noch keine eigene Wohnung haben,
- Förderung beim Wohnungsbau für Familien, die im Moment in einer Notunterkunft oder in einer überbelegten Wohnung untergebracht sind,
- Förderung beim Wohnungsbau für Haushalte, die ihre Wohnungen wegen anderer Planungen aufgeben mussten, Förderung beim Wohnungsbau für Haushalte, deren jetzige

| M 3.10 | Vergleich des Entschädigungsverfahrens der Braunkohlenplanung zwischen Sachsen und Nordrhein-Westfalen |

Sachsen	Nordrhein-Westfalen
\[oben zentriert:\] **14. Leistungen des Landes** (Forts.)	
Umsiedlungsstandort größeren Wohnraum als den bislang bewohnten schaffen wollen (maßgeblich hierfür ist die Wohnflächenberechnung nach der II BV). Förderfähig ist die nach dem Eigentumsprogramm zulässige Wohnfläche abzüglich der aufgegebenen Wohnfläche. Die Förderung wird als Spitzenfinanzierung bis zur Höhe der Höchstfördersätze gewährt; c) den Eigentümern von selbst genutztem Wohnraum in Heuersdorf im Rahmen der Spitzenfinanzierung bis zur Höhe der Höchstfördersätze auf der Grundlage der zulässigen förderfähigen Wohnflächen nach dem Eigentumsprogramm. Die vorstehend beschriebene Förderung ist anwendbar nach Ausschöpfung der von der MIBRAG zu gewährenden Entschädigungsleistungen und deren ergänzenden Finanzierungshilfen sowie unter Berücksichtigung von weiteren Eigenleistungen des Bauherrn, soweit diese vorliegen. Die Förderung ist ausgeschlossen, wenn die Belastung für den Bauherrn und seine Familie auf Dauer nicht tragbar erscheint.	Wohnung zu klein oder unzweckmäßig ist, so dass ein größerer Ausbau, Umbau oder Anbau notwendig würde, um die familiengerechte Unterbringung (wieder) zu erreichen.

15. Beschäftigungsklausel

Die MIBRAG erkennt an, dass für die von der Umsiedlung betroffenen Menschen tiefgreifende Einschnitte in ihre persönliche Lebensplanung entstehen. Deshalb wird sich die MIBRAG bemühen, für die in diesem Unternehmen Beschäftigten, die von der Umsiedlung betroffen sind, entsprechend dem Unternehmenskonzept keine betriebsbedingten Kündigungen auszusprechen. Die Gesellschafter der für die Umsiedlung zu gründenden Siedlungsgesellschaften werden die Gesellschaft anweisen und sich bemühen, für die zu erfüllenden Aufgaben möglichst Heuersdorfer Bürger einzustellen bzw. Aufträge bevorzugt an ortsansässige Betriebe zu vergeben.
(§ 20 HeuV)

| M 3.11 | Grundwasserabsenkungstrichter des Lausitzer Braunkohlenreviers |

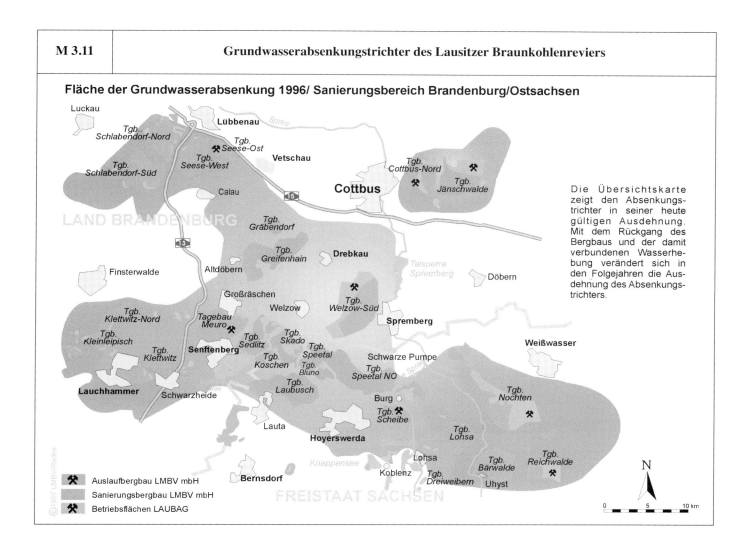

| M 3.12 | Nicht rekultivierte Abraumhalden |

M 3.13 — Flutungen von Tagebauseen

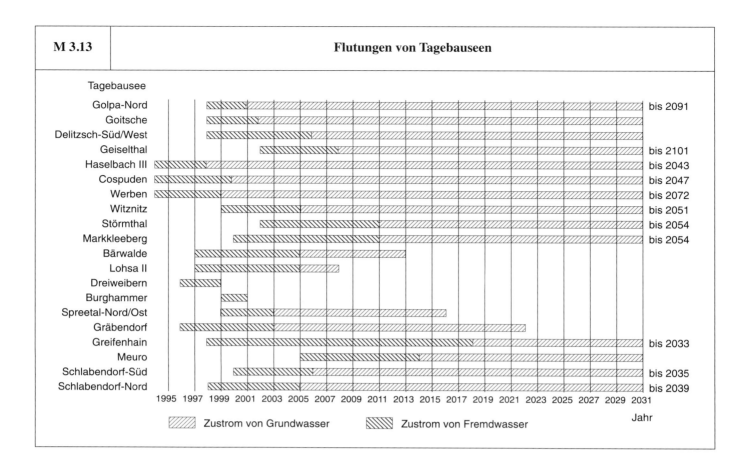

M 3.14 — Wasserüberleitung vom Speicherbecken Dreiweibern zum Speicherbecken Lohsa II

M 3.15 „Klein-Amsterdam" im ehemaligen Lausitzer Kohlenrevier

von Kathrin Klinkusch, dpa

Großräschen/Geierswalde (dpa/bb) Idyllische Grachten, kleine Häfen für Segelboote, schwimmende Restaurants und Discotheken – so könnte es in ein paar Jahren an der Tagebaurestlochkette Sedlitz, Skado, Koschen an der brandenburgisch-sächsischen Grenze aussehen.

Dieses ehrgeizige Ziel verfolgen die im vergangenen Jahr gestartete Internationale Bauausstellung (IBA) „Fürst-Pückler-Land" und die Gemeinde Elsterheide, deren Ortsteile an der Seenkette liegen. Die „Wasserwelt bei Geierswalde" zählt zu den 22 IBA-Projekten, mit denen in den nächsten zehn Jahren die Mondlandschaften der einstigen Tagebaue umgestaltet werden sollen. Das Land Brandenburg unterstützt die IBA zunächst bis 2002 mit jährlich 2,4 Millionen Mark; mit Sachsen verhandeln die Landschaftsplaner noch.

Bereits im Mai soll in Geierswalde am Ufer des gefluteten Restlochs Koschen der symbolische Startschuss zur künftigen Wasserstadt fallen. „Dann wird das erste schwimmende Haus der Lausitz zu Wasser gelassen", sagt IBA-Geschäftsführer Rolf Kuhn. Allerdings sei die Lausitzer Lösung komfortabler als die Hausboote Amsterdams: „Das Haus hat einen Sockel aus schwimmendem Beton." Dieses Fundament sei mit einem Gelenk versehen und könne sich je nach Wasserstand heben oder senken. Außerdem sei das Haus an die örtliche Kanalisation anzuschließen.

Bisher werden derartige Häuser für Touristen auf der Insel Rügen gefertigt. Doch falls die Modelle in der Lausitz Abnehmer fänden, könnte die Herstellung auch vor Ort erfolgen, betont der IBA-Chef.

Ein schwimmendes Haus koste genauso viel wie ein normales Einfamilienhaus. „Es kann immer mit der Sonne gedreht werden und wenn einem die Nachbarn nicht mehr passen, zieht man an ein anderes Ufer." Die Kommunen erhoffen sich von der Wasserwelt einen wirtschaftlichen Aufschwung – vor allem Touristen und Segel-Fans sollen das neue Wasserparadies entdecken. „Wir lassen derzeit von einem Dresdener Planungsbüro ein Konzept für die Nutzung ausarbeiten", sagt der Bürgermeister der Gemeinde Elsterheide, Dietmar Koark (CDU). Es soll Ende Januar vorliegen, dann soll ein Fördermittelantrag beim sächsischen Wirtschaftsministerium für das Projekt gestellt werden.

In Geierswalde seien ein Badestrand, ein Erlebnispark, eine Tauchstation und eine Uferpromenade geplant. „Toll wäre eine Seebrücke mit einem Restaurant", meint Koark. Auch Ideen von privaten Investoren seien in Geierswalde willkommen. Vor einem Jahr hat sich in dem 350 Einwohner zählenden Ort eigens ein Segelclub gegründet.

Sobald die Böschungen am Ufer des Sees gesichert sind, sollen Marinas – kleine Yachthäfen mit Übernachtungsmöglichkeiten – entstehen. Die Uferarbeiten sollen voraussichtlich 2002 abgeschlossen sein. Das Restloch Koschen wurde bereits vor einem Dreivierteljahr in Geierswalder See umbenannt.

Auch der kommunale Zweckverband Elstertal, dem unter anderen der Landkreis Kamenz und die Stadt Hoyerswerda angehören, will für das Wasserparadies werben. Er war vor einigen Jahren zur Umsetzung des Tourismus-Großvorhabens Karl-May-Land gegründet worden. Der Traum eines Natur- und Erlebnisparks mit Wildwest-Atmosphäre war jedoch aufgrund fehlender Investoren geplatzt.

Doch nicht nur Touristen sollen nach Geierswalde kommen. Kuhn kann sich gut vorstellen, dass die Wasserstadt ein Zentrum für regenerative Energien wird. „Flächen für Windenergie, Sonnendächer und den Anbau von nachwachsenden Rohstoffen sind da. Selbst Holländer könnten später vom Know-how in Geierswalde profitieren. Denn richtige Häuser, die schwimmen, sind für sie auch noch Neuland", meint Kuhn.

| M 3.16 | Vorherrschende Baumarten bei der Aufforstung der Lausitzer Kippen |

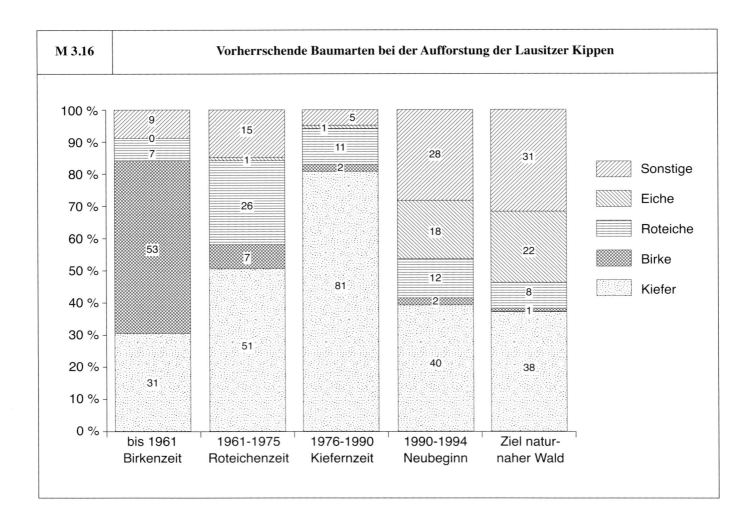

M 4.2 Ökologische Raumgliederung

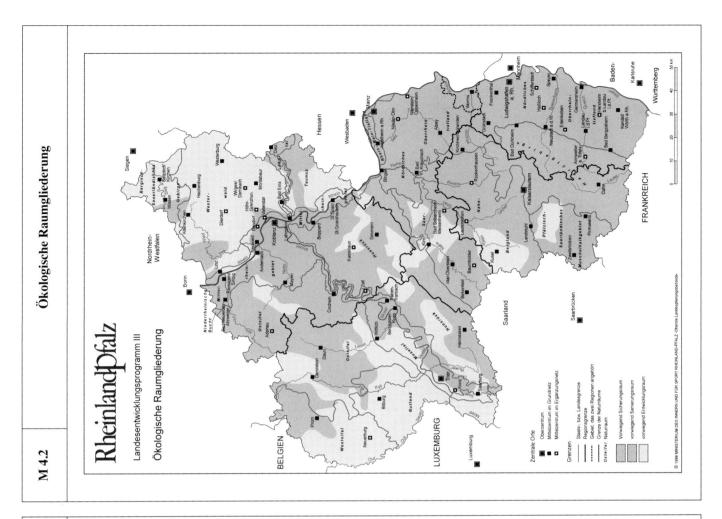

M 4.1 Raumstrukturgliederung

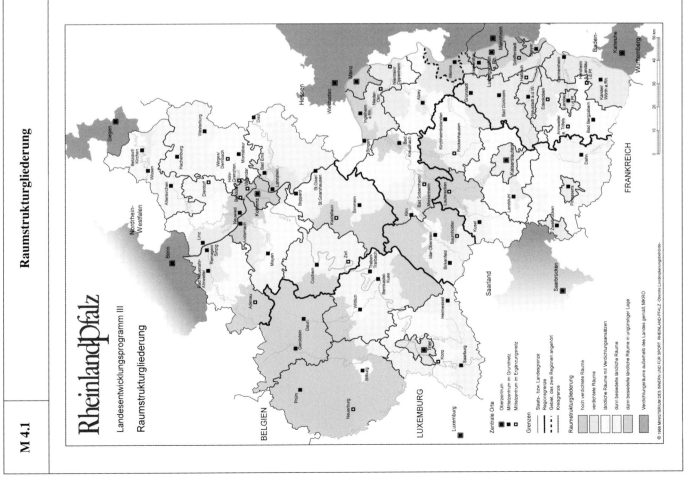

M 4.4 Landesweit bedeutsame Gewerbestandorte sowie Standortbereiche mit besonderen Entwicklungsimpulsen

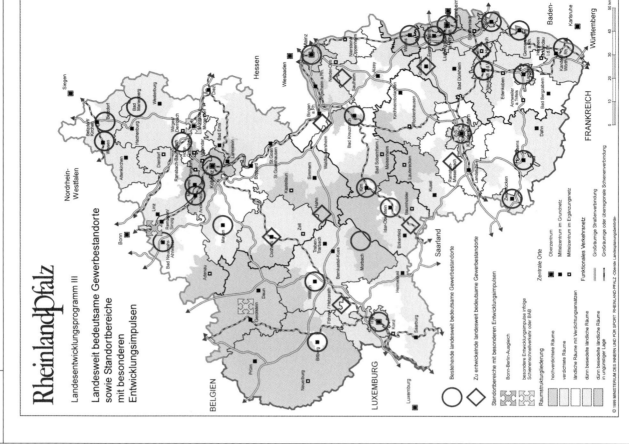

M 4.3 Arten- und Biotopschutz

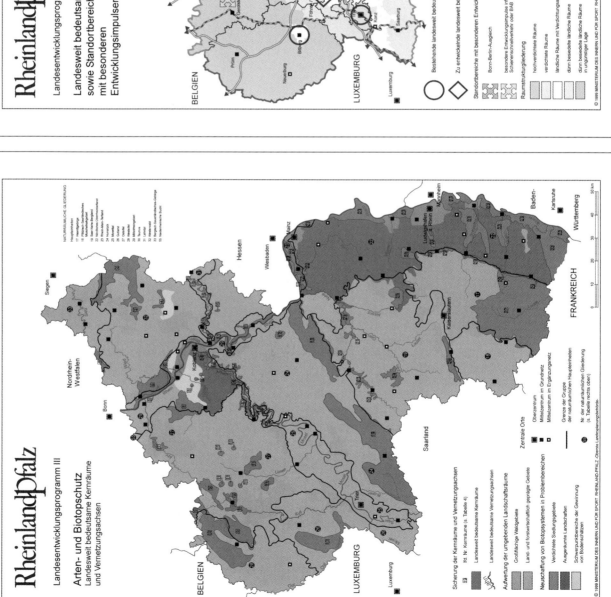

M 4.5	Militärische Objektnutzungen

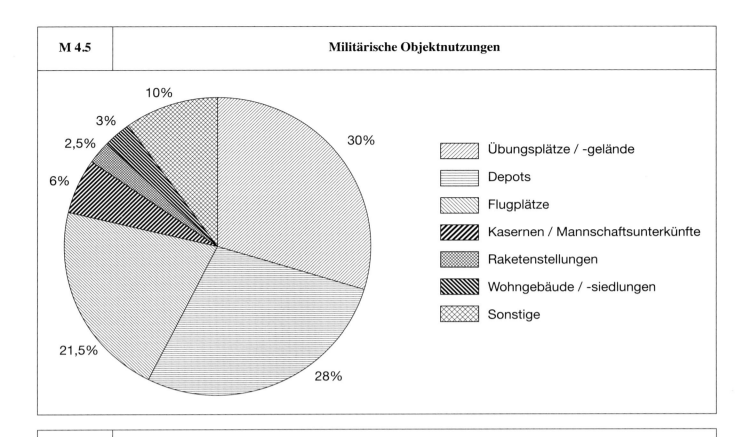

M 4.6	Umnutzungsmöglichkeiten für militärische Einrichtungen

militärische Nutzung	vorhandene Flächennutzung	mögliche zivile Nutzungen
Kaserne	Wohngebäude, Mannschaftsunterkünfte	Wohnen nach Umbau oder Sanierung: z. B. Wohnungen oder Wohnheime für Studierende, Pflegekräfte an Kliniken oder ältere Menschen, Übergangsheime für Aussiedler und Asylsuchende oder in soziale Not geratene Menschen
	Werkstätten, Lagerhallen, Kfz-Hallen, Freiflächen	Gewerbe/Dienstleistungen: Industrie- und Gewerbepark, Technologiezentren, Behördenzentren, Bürostandorte, Umschlagterminals, Energieversorgung
	Schulungsräume	Bildung/Wissenschaft/Kultur: Fachschulen und Hochschulen, wissenschaftliche Fachinstitute, Tagungsstätten, Aus- und Weiterbildungszentren, Kulturzentren, Vereinsräume
	Sanitäreinrichtungen	Soziales: Medizinische Einrichtungen, Kindertagesstätten, Einrichtungen für Behinderte, Altersheime, Jugendeinrichtungen
	Sporthallen	Freizeit/Tourismus: Sport-Zentrum, Jugendherberge, Center-Park
Übungsplatz	landschaftlich unterschiedlich strukturierte Flächen	Landschafts- und Naturparks, Biotop-Reservate, Freizeitparks, Golfplätze, land- und forstwirtschaftliche Flächen, ggf. Großinfrastrukturen wie Deponien
Flugplatz Hafenanlage	Rollbahnen, Infrastruktureinrichtungen, Lager- und Verwaltungsgebäude, Kais und Gebäude	zivile Flughäfen, Sportflughäfen, gewerblich-industrielle Nutzungen (ggf. Flugzeugbau), Windenergiegewinnung, großflächige Freizeiteinrichtungen, ziviler Werftbetrieb, Sportboothäfen, Freizeiteinrichtungen
Lager und Depot	Lagerhallen, Abstandsflächen Bunker	Lager: Lagerhallen, gewerbliche Nutzungen, Infrastruktureinrichtungen Munitionsdepots: Bunkernutzungen für Champignonzucht, Diskotheken, öffentliche Belange (Schutzräume für Menschen und kulturelle Güter, Lager)
Infrastruktureinrichtungen	z.B. Kinos, Krankenhäuser, Schulen	Möglichkeit der Weiternutzung durch private oder öffentliche Träger
Militärverwaltung	Verwaltungsgebäude	Möglichkeit der Weiternutzung durch private oder öffentliche Verwaltungen, Schulen oder kulturelle Einrichtungen

M 5.1	Entfernungen innerhalb der EU

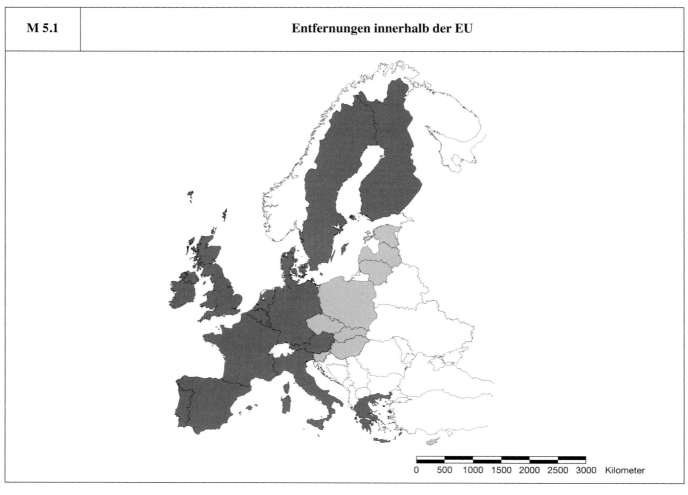

M 5.3	Bruttoinlandsprodukt

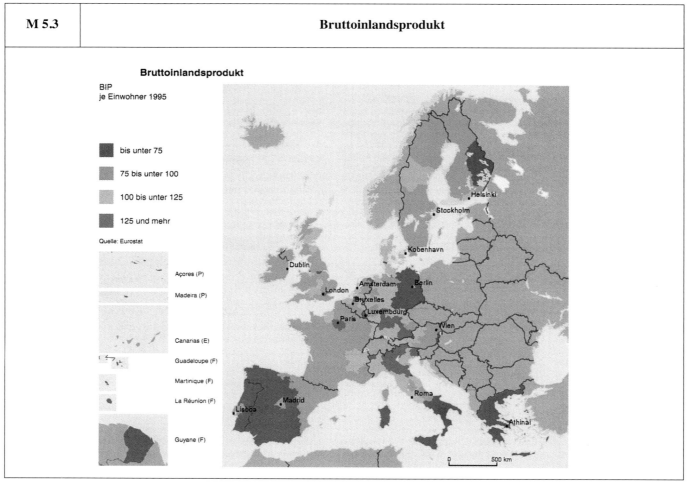

	EU	USA	Japan
Bevölkerung Jahr 2000	452.991.000	285.318.000	127.035.000
Fläche in 1000 qkm	3.974.875	9.809.155	3777.837
Bruttoinlandsprodukt (Jahr 2000; Angaben in Millionen US $)	8.251.915	10.065.265	4.141.431
Bruttoinlandsprodukt je Einwohner (Jahr 2000; Angaben in US $)	18.217	35.277	32.600

M 5.2 Statistischer Vergleich EU – USA – Japan

M 5.4 Basisdaten für die Mitgliedstaaten (alte Mitgliedsstaaten und am 01.05.2004 beigetretene Staaten)

Staat	Fläche (qkm)	Einwohner (Jahr 2001)	Einwohner je qkm	Bruttoinlandsprodukt (BIP; Jahr 2001, Angabe in Millionen US $)	BIP je Einwohner (Jahr 2001, Angaben in US $)
Belgien	32.545	10.286.000	316	229.610	22.323
Dänemark	43.096	5.359.000	124	161.542	30.144
Deutschland	357.023	82.333.000	231	1.846.069	22.422
Finnland	338.144	5.188.000	15	120.855	23.295
Frankreich	543.965	59.191.000	109	1.309.807	22.128
Griechenland	131.957	10.591.000	80	117.169	11.063
Großbritannien und Nordirland	242.910	58.800.000	242	1.424.094	24.219
Irland	70.273	3.839.000	55	103.298	26.908
Italien	301.336	57.948.000	192	1.088.754	18.788
Luxemburg	2.586	441.000	171	18.540	42.041
Niederlande	41.526	16.039.000	386	380.137	23.701
Österreich	83.871	8.132.000	97	188.546	23.186
Portugal	92.345	10.024.000	109	109.802	10.954
Schweden	449.964	8.894.000	20	209.814	23.591
Spanien	504.782	41.117.000	82	581.823	14.150
Estland	45.227	1.364.000	30	5.525	4.051
Lettland	64.589	2.359.000	37	7.549	3.200
Litauen	65.301	3.482.000	53	11.992	3.444
Malta	316	395.000	1.250	3.623	9.172
Polen	312.685	38.641.000	124	176.256	4.561
Slowakei	49.034	5.404.000	110	20.459	3.786
Slowenien	20.253	1.992.000	98	18.810	9.443
Tschechische Republik	78.866	10.224.000	130	56.784	5.554
Ungarn	93.030	10.187.000	110	51.926	5.097
Zypern	9.251	761.000	82	9.131	11.999
Summe	3.974.875	452.991.000	114	8.251.915	18.217

M 5.5	Die 14 vorrangigen Projekte der transeuropäischen Verkehrsnetze

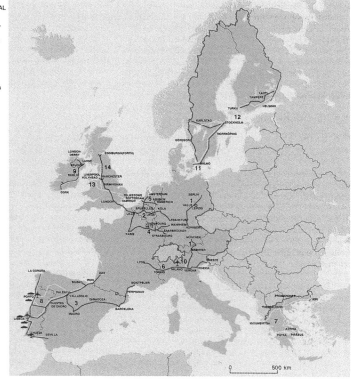

1. Hochgeschwindigkeitsverbindung/kombinierter Verkehr Nord-Süd
2. Hochgeschwindigkeitsverbindung PBKAL
3. Hochgeschwindigkeitsverbindung Süd
4. Hochgeschwindigkeitsverbindung Ost
5. Betuwe-Linie; konventionelle Schienenverbindung/kombinierter Verkehr
6. Hochgeschwindigkeitsverbindung/kombinierter Verkehr Frankreich-Italien
7. Griechische Autobahnen Pathe und Via Egnatia
8. Multimodale Verbindung Portugal-Spanien-Mitteleuropa
9. Konventionelle Schienenverbindung Cork-Dublin-Belfast-Larne-Stranraer
10. Flughafen Malpensa, Milano
11. Feste Øresund-Verbindung (Straße-Schiene) Dänemark-Schweden
12. Multimodaler Korridor Nordisches Dreieck
13. Straßenverbindung Irland/Vereinigtes Königreich/Benelux
14. Hauptstrecke Westküste

— Schiene
— Straße
✈ Flughafen
⚓ Hafen

Quelle: EU-Kommission GD VII

M 5.6	Aufteilung der Strukturfondsmittel 2000–2006					
Mitgliedstaat	Ziel 1	Ziel 2	Ziel 3	FIAF* außerhalb Ziel 1	Gemeinschaftsinitiativen	Summe
Belgien	625	433	737	34	209	2 038
Dänemark	–	183	365	197	80	825
Deutschland	**19 229**	**2 984**	**4 581**	**107**	**1 608**	**29 764**
Finnland	913	489	403	31	254	2 090
Frankreich	3 805	6 050	4 540	225	1 046	15 666
Griechenland	20 961	–	–	–	862	21 823
Großbritannien	6251	4 695	4 568	121	961	16 596
Irland	3088	–	–	–	166	3 254
Italien	22 122	2 522	3 744	96	1 172	29 656
Luxemburg	4	40	38	–	13	91
Niederlande	123	795	1 686	31	651	3 286
Österreich	261	680	528	4	358	1 831
Portugal	19 029	–	–	–	671	19 700
Schweden	722	406	720	60	278	2 186
Spanien	38 096	2 651	2 140	200	1 958	45 045
Netzwerke					155	155
EU-15	135 954	22 454	24 050	1 106	10 442	194 006

(Angaben in Mio. €; Preisbasis 1999; ohne Mittel für Technische Hilfe und innovative Maßnahmen)

*) Finanzinstrument zur Ausrichtung der Fischerei

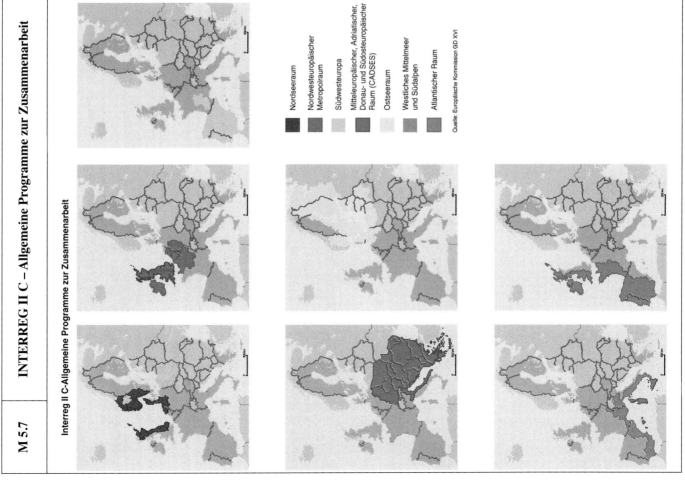

Quellenverzeichnis

Zum Basiswissen

Boesler, K.-A. (Hrsg., 1973): Raumordnung – deutsch und englisch. Berlin. (Europa-Glossar der Rechts- und Verwaltungssprache 18)
Bremm, H.-J./Kunzmann; K. (1992): Raumordnerische Aspekte des EG-Binnenmarktes. – Bonn.
BUNDESVERKEHRSWEGEPLAN (2000). Hrsg.: Bundesminister für Verkehr. – Bonn.
DAS PRINZIP DER NACHHALTIGEN ENTWICKLUNG IN DER RÄUMLICHEN PLANUNG (1997). Hrsg.: Akademie für Raumforschung und Landesplanung (Arbeitsmaterial). – Hannover.
Graafen, R. (1991): Die Anfänge von Raumordnung und Landesplanung in Deutschland, dargestellt unter besonderer Berücksichtigung des Siedlungsverbandes Ruhrkohlenbezirk. – In: Koblenzer Geographisches Kolloquium, Jg. 13 .– Koblenz, S. 15-33.
HANDWÖRTERBUCH DER RAUMORDNUNG (1995). Hrsg.: Akademie für Raumforschung und Landesplanung. – Hannover.
KONVERSION, FLÄCHENNUTZUNG UND RAUMORDNUNG (1993). Hrsg.: Bundesforschungsanstalt für Landeskunde und Raumordnung. – Bonn (Materialien zur Raumentwicklung, Heft 59).
METHODEN UND INSTRUMENTE RÄUMLICHER PLANUNG (1998). Hrsg.: Akademie für Raumforschung und Landesplanung. – Hannover.
RAUMORDNUNG IN DEUTSCHLAND (1996). Hrsg.: Bundesministerium für Raumordnung, Bauwesen und Städtebau. – Bonn.
Schmerler, W. (1932): Die Landesplanung in Deutschland. – Berlin.
Spitzer, H. (1995): Einführung in die räumliche Planung. – Stuttgart.
Umlauf, J. (1958): Wesen und Organisation der Landesplanung. – Essen

Zum Unterrichtsvorschlag 1 (Planungen auf Gemeindeebene):

Battis, U./Krautzberger, M./Löhr, R.-P. (2000): Baugesetzbuch - BauGB -. – München.
Bielenberg, W./Krautzberger, M./Söfker, W. (1998): Baugesetzbuch. Leitfaden und Kommentierung, 5. Aufl. – München/Münster.
Brügelmann, H. (1998): Baugesetzbuch, 37. Lieferung. – Stuttgart/Berlin/Köln.
Ernst, W./Zinkhahn, W./Bielenberg, W.; Krautzberger, M. (2000): Baugesetzbuch. – München.
Gelzer, K./Birk, H.-J. (1997): Bauplanungsrecht, 6. Aufl. – Köln.
Schrödter, H. (1998): Baugesetzbuch. – Köln.
Stüer, B. (1992): Das Bauplanungsrecht in den neuen Bundesländern. – In: Deutsche Verwaltungsblätter, S. 266-273.
Stüer, B. (1999): Bau- und Fachplanungsgesetze. – München.
Stüer, B. (2000): Der Bebauungsplan. – München.
Stüer, B. (2000): Bauleitplanung. – In: *Hoppenberg* (Hrsg.): Handbuch des öffentlichen Baurechts, Teil B. – München.

Zum Unterrichtsvorschlag 2 (Planungen auf Kreisebene):

AGRARSTRUKTURELLE ENTWICKLUNGSPLANUNG FÜR DAS ERNSTBERGGEBIET (VERBANDSGEMEINDEN DAUN UND GEROLSTEIN; 1998). Hrsg.: Bezirksregierung Trier. – Trier.
Berg-Winters, A. (2001): Der Vulkanpark Osteifel – eine Vision wird Realität. – In: *Fischer, H./Graafen, R.* (Hrsg.): Koblenzer Geographisches Kolloquium, Koblenz, S. 59-68.
Bogaard, P. van der/Schmincke, H.-U. (1984): The Eruptive Center of the Late Quaternary Laacher See Tephra. – In: Geologische Rundschau 73, S. 933-980.
Brohm, W. (1998): Öffentliches Baurecht, 2. Aufl. – München.
DER VULKANPARK IM LANDKREIS MAYEN-KOBLENZ (2000). Hrsg.: Wirtschaftsförderungsgesellschaft am Mittelrhein mbH. – Koblenz.
Erbguth, W. (Hrsg., 2000): Planung. Festschrift für *W. Hoppe*. – München.
Graafen, R. (1993): Bimsabbau im Mittelrheinischen Becken. – In: Geographische Rundschau 45, S. 166-172.
Kasig, W. (1996): „Die Eifel" – Der Vulkanismus in der Eifel – erdgeschichtliche Vergangenheit, Gegenwart und Zukunft. – Düren.
Krautzberger, M./Söfker, W. (1991): Planungs- und Entscheidungshilfen in den neuen Bundesländern. – München.
Kremer, B. P. (1987): Deutschlands jüngste Vulkanregion: Das Laacher-See- Gebiet. – In: Geographische Rundschau 39, S. 263.
LANDSCHAFTPLANUNG UND BODENORDNUNG, ERFAHRUNGEN AUS RHEINLAND-PFALZ (1996): Hrsg.: Kulturamt Bernkastel-Kues. – Bernkastel-Kues.

Quellenverzeichnis

Meyer, W. (1988): Das Vulkangebiet des Laacher Sees. Rheinische Landschaften, H. 9. – Köln.
Stüer, B. (Hrsg., 1999): Planung von Großvorhaben. Schriftenreihe Planungsrecht, Bd. 2. – Osnabrück.

Zum Unterrichtsvorschlag 3 (Regionalplanung und Braunkohlenabbau):

ASPEKTE DER UMSETZUNG UMWELTPOLITISCHER ERFORDERNISSE IN DER REGIONAL- UND LANDESPLANUNG (1992). Hrsg.: Akademie für Raumforschung und Landesplanung. – Hannover.
Berkner, A./Heidenfelder, R. (1998): Fünf Jahre „neue Braunkohlenplanung" in Sachsen – Ergebnisse, Erfahrungen, künftige Handlungsfelder. – In: Sächsische Regionalplanung – eine Bilanz nach fünf Jahren. – Hannover.
BRAUNKOHLENPLANUNG UND UMSIEDLUNGSPROBLEMATIK IN DER RAUMORDNUNGSPLANUNG BRANDENBURGS, NORDRHEIN-WESTFALENS, SACHSENS UND SACHSEN-ANHALTS (2000). Hrsg.: Akademie für Raumforschung und Landesplanung. Bearbeiter: *A. Berkner* – Hannover.
DEBRIV (Hrsg., 1999): Medien- und Museumsverzeichnis. – Köln. *(Sehr umfangreiches Verzeichnis von Büchern, Broschüren, Materialien, Videos für den Einsatz in Schulen. Des weiteren Verzeichnis der Bergbaumuseen und Informationszentren).*
DEBRIV (Hrsg., 2000): Braunkohle. Ein Industriezweig stellt sich vor. – Köln.
Degenhart, C. (1996): Rechtsfragen zur Braunkohlenplanung für Brandenburg. Bochumer Beiträge zum Berg- und Energierecht, Bd. 25. – Stuttgart.
Gläßer, E./Vossen, K. (1985): Aktuelle landschaftsökologische Probleme im Rheinischen Braunkohlerevier. – In: Geographische Rundschau 37, S. 258-266.
Flath, M. (1996): Der Braunkohlenbergbau zerschürft das Gesicht der Lausitz. – Praxis Geographie 26, Heft 11, S. 18-20. – Braunschweig.
Fürst, D. (1993): Von der Regionalplanung zum Regionalmanagement. – In: Die öffentliche Verwaltung 46, S. 552 ff.
Häge, K. (1996): Sozialverträgliche Umsiedlung in der Lausitz. – In: Braunkohle 47, S. 541-546.
LAUBAG (Hrsg., 1998): Zeugen der Eiszeit in der Lausitz. – Senftenberg.
LMBV (Hrsg., 1999): Wandlungen. – Berlin.
LMBV, (Hrsg., 1997): Nach der Braunkohle kommt das Wasser. – Berlin.
LMBV (Hrsg., 1997): Restlochflutung. – Berlin.
REGIONAL- UND LANDESPLANUNG FÜR DIE 90ER JAHRE (1990). Hrsg.: Akademie für Raumforschung und Landesplanung. Forschungs- und Sitzungsberichte, Bd. 186. – Hannover.
REGIONALES ENTWICKLUNGSKONZEPT NAHE-HUNSRÜCK (2000): Hrsg. Planungsgemeinschaft Rheinhessen-Nahe und Planungsgemeinschaft Mittelrhein-Westerwald.
Ruhren v. d., N. (Hrsg., 1997): Braunkohle im Spannungsfeld. – In: Geographie und Schule, Sonderheft, 19. Jg. – Köln.
Schwede, D. (1997) Braunkohle im Spannungsfeld. – In: Geographie und Schule. Sonderheft, 19. Jg. – Köln.

Zum Unterrichtsvorschlag 4 (Landesplanung auf der Ebene der Bundesländer):

ABFALLENTSORGUNGSPLAN RHEINLAND-PFALZ, TEILPLAN KOMMUNALE ABFALLWIRTSCHAFT (1993). Hrsg.: Ministerium für Umwelt und Forsten. – Mainz
ASPEKTE DER UMSETZUNG UMWELTPOLITISCHER ERFORDERNISSE IN DER REGIONAL- UND LANDESPLANUNG (1992). Hrsg.: Akademie für Raumforschung und Landesplanung. – Hannover.
Bergmann, H. (1991): Probleme von Raumordnung, Umwelt und Wirtschaftsentwicklung in den neuen Bundesländern. – Hannover.
Fischer, H. (1989): Rheinland-Pfalz und Saarland. – Wissenschaftliche Länderkunden, Bd. 8/IV. – Darmstadt.
Fürst, D./Ritter, E.-H. (1993, 2. Aufl.): Landesentwicklungsplanung und Regionalplanung. Ein verwaltungswissenschaftlicher Grundriss. – Düsseldorf.
GRUNDLAGEN DER LANDES- UND REGIONALPLANUNG (1999). Hrsg.: Akademie für Raumforschung und Landesplanung. – Hannover.
INSTRUMENTARIUM VON RAUMORDNUNG UND LANDESPLANUNG ZUR ROHSTOFFSICHERUNG IN DEN LÄNDERN BREMEN, HAMBURG, NIEDERSACHSEN UND SCHLESWIG-HOLSTEIN (1998). Hrsg.: Akademie für Raumforschung und Landesplanung. – Hannover (Arbeitsmaterial).
LANDESENTWICKLUNGSPROGRAMM III RHEINLAND-PFALZ (1995). Hrsg.: Staatskanzlei Rheinland-Pfalz. Mainz.
LANDESVERKEHRSPROGRAMM (2000). Hrsg.: Ministerium für Wirtschaft, Verkehr, Landwirtschaft und Weinbau. – Mainz.
LANDESWALDPROGRAMM. Hrsg.: Ministerium für Umwelt und Forsten. – Mainz.
RAUMORDNUNGSBERICHT 1998 DER LANDESREGIERUNG RHEINLAND-PFALZ (1998). Hrsg.: Ministerium des Innern und für Sport. – Mainz.
Schaffer; F./Goppel; K. (Hrsg., 1991): Raumplanung in Bayern in den 90er Jahren. – Augsburg.
WASSERWIRTSCHAFTLICHER RAHMENPLAN RHEINHESSEN (1998). Hrsg.: Ministerium für Umwelt und Forsten. – Mainz.

Quellenverzeichnis

Zum Unterrichtsvorschlag 5 (Raumordnung in der Europäischen Union):

Ahlke, B. (2000): INTERREG II C – Transnationale Programme und Projekte zur Umsetzung des EUREK. – In: Informationen zur Raumentwicklung 2000, H. 3/4, S. 157-170.
Battis, U. (2000): Zur Umsetzung des EUREK in die deutsche Raumordnung. In: Informationen zur Raumentwicklung 2000, H. 3/4, S. 103-108.
Eltges, M. (2000): Europäische Strukturpolitik. Handlungsoptionen für die Raum- und Stadtplanung durch die Agenda 2000. – In: Informationen zur Raumentwicklung 2000, H. 2, S. 93-101.
EUREK - EUROPÄISCHES RAUMENTWICKLUNGSKONZEPT (1999). Hrsg.: Europäische Kommission. – Luxemburg.
Ewringmann, D./Perner, A. (2000): Nachhaltige Raumentwicklung in Europa. – In: Informationen zur Raumentwicklung 2000, Heft 3/4, S. 171-182.
Graafen, R. (1995): Die Auswirkungen der EG-Strukturfonds auf alte und neue Länder in der Bundesrepublik Deutschland. – In: *Barsch, D./Karrasch, H.* (Hrsg.): 49. Deutscher Geographentag Bochum. Bd. 4: Europa im Umbruch. – Stuttgart. S. 27-32.
GROßSTADTREGIONEN IN DEUTSCHLAND VOR DEM HINTERGRUND EUROPÄISCHER ENTWICKLUNGEN (1991). Hrsg.: Akademie für Raumforschung und Landesplanung. – Hannover.
Heer, E./Scholl, B. (Hrsg., 1990). Aspekte der Raumplanung in Europa. – Zürich.
Heineberg, H. (2000): Großbritannien: Wirtschafts- und Raumentwicklung im „Post-Thatcherismus". – In: Geographische Rundschau, 52, H. 1, S. 7-13.
Job, H./Weinzenegger, S./Metzler, D. (2000): Strategien zur Sicherung des europäischen Natur- und Kulturerbes – die EUREK-Sicht. – In: Informationen zur Raumentwicklung 2000, Heft 3/4, S. 143-156.
Hommel, M./Kunzmann, K. (1995): Umbau alter Industrieregionen. – Stuttgart.
Köck, H. (2000): Der Europäische Integrationsprozess als Gegenstand der deutschen Geographiedidaktik - Eine Bilanz im Jahre 40 nach Rom. - In: *Fuchs, G.* (Hrsg., 2000): Unterricht „für" Europa: Konzepte und Bilanzen der Geographiedidaktik. – Gotha/Stuttgart. S. 21-48.
Köck, H. (2001): PAMINA und der Europäische Integrationsprozess aus der Sicht der Geographiedidaktik. – In: *Geiger, M.* (Hrsg., 2001): PAMINA – Europäische Region mit Zukunft. Baden, Elsass und Pfalz in grenzüberschreitender Kooperation. – Speyer. S. 224-251.
Krätke, S. (2000): Stärkung und Weiterentwicklung des polyzentralen Städtesystems in Europa. Schlussfolgerungen aus dem EUREK. – In: Informationen zur Raumentwicklung 2000, H. 3/4, S. 117-126.
Neueder, F. (2000): Die Verhandlungen über die EU-Strukturförderung 2000–2006. Ziele und Ergebnisse. – In: Informationen zur Raumentwicklung 2000, H. 2, S. 85-92.
Schön, K. P. (2000): Das Europäische Raumentwicklungskonzept und die Raumordnung in Deutschland. Einführung. – In: Informationen zur Raumentwicklung 2000, H. 3/4, S. I-X.
Sinz, M. (2000): Gibt es Auswirkungen der europäischen Raumentwicklungspolitik auf nationaler, regionaler oder kommunaler Ebene? – In: Informationen zur Raumentwicklung 2000, Heft 3/4, S. 109-116.
Ziegler, A. (2000): Europäische Raumentwicklung und die Stärkung des Arbeitsmarktes. – In: Informationen zur Raumentwicklung 2000, Heft 3/4, S. 127-132.